育ちあう風景

清水玲子
shimizu reiko

ひとなる書房

育ちあう風景

もくじ

満たされる瞬間《とき》——子どものこと 7

願いよ届け——社会と保育 151

満たされる瞬間《とき》

8

ラブコール

いくつかの保育園が集まった保育の勉強会で、二歳児クラスの子どもたちのようすがビデオで報告された。そのなかに、散歩から帰ってきたりさちゃんとかほちゃんが、並んで玄関に座り、靴を脱いでいる映像があった。

かほ「りさちゃん、あしたはかほと手をつなごうね」、りさ「……」

りさちゃんが答えないので、かほちゃんは身を乗り出し、りさちゃんに顔を近づけて何度も繰り返す。それでも答えないりさちゃん。かほちゃんは、さらに声を大きくして顔を寄せて訴えている。その必死さに圧倒されてか、りさちゃんは顔をそむける。かたい表情のりさちゃん。

保育園の先生が、見かねて、「かほちゃん、またあとで聞いてみたら？　あとで聞いたらりさちゃんも〝いいよ〟って言ってくれるかもしれないよ」と言ってみた。でも、かほちゃんは一歩も引かず、「でもさー、かほは、りさちゃんのことが好きなんだもん。だからいっしょに手つなぎしたいんだもん！」

その後、もう一度、先生が出した助け船も退け、かほちゃんはりさちゃんに訴え続ける。どのくらいねばっていただろう。ビデオを見ている私たちもどうなるのかと思ったのだが、ついに、固まっていた（？）りさちゃんが、「いいよ」と言ったのである。

りさちゃんは、ほんとうはいやなのに根負けしたのだろうか。おとなたちは心配した。しかし映像には、天にも昇るように喜ぶかほちゃんと、その喜びにつられるような、ほっとした様子をみせるりさちゃんがいっしょに靴をしまって仲良く入っていく様が写っていた。そして、なぜか、この顚末をかほちゃんのとなりでじいっと見守っていた男の子が、ひとり取り残されたのに気づいて、あわてて自分の靴をいっしょうけんめい脱いでいる様子が続けて写っており、参加者から、二歳児クラスらしいね、と笑いが広がった。

別の保育園でも四歳児クラスでこんなことがあったという。

仲良し三人のうち、二人が先に手をつないでいたところに三人目のゆうなちゃんが来て、手をつなごうとしたがみくちゃんに断られた。ゆうなちゃんは、そういうことがあると、すごく怒ってしまうことがよくあり、このときもみくちゃんとけんかになったのだが、先生がゆうなちゃんの気持ちをよく聞くと、気持ちを聞いてもらえたことで落ち着き、改めて、みくちゃんに手をつなぎたいと申し込んだ。

みくちゃんは、やっぱりいやで、「じゃあ、散歩の帰りにつないでくれる?」と先生の助けも借りてゆうなちゃんは訴えた。みくちゃんは、こんどは「うん」と言ってくれ、二人は指切りげんまんをしたのだった。うれしくて、みくちゃんのその指に「チュッ」をしたゆうなちゃん。みくちゃんはにっこりして、ゆうなちゃんの指にお返しの「チュッ」をした。幸せな気持ちいっぱいの二人。結局、行きも三人で手をつないで散歩に出かけたのだった。

こんなにも堂々と友だちに〝あなたが好き!〟と言える子どもたち。必ずうまくいくとはかぎらないけれど、言う方も、言われる方も、幸せだなあと思う。

子どもたちの問題解決

ある若い保育園の年長クラスの先生の話である。

夏、お泊まり保育を前に、しおりを子どもたちと作ったり、キャンプファイヤーの内容を考えたり、持ち物の確認をしたりと準備に明け暮れていた。今週末に出かけるという直前、楽しみでもあるが、不安もある子どもたちのなかには、毎日準備の予定が入っていて自由に思い切り遊べないこともあってイライラする子もでてきていた。

その日、「キャンプだホイ！」をみんなで歌おうと、まるくなって座ることにしたとき、ゆいちゃんのとなりをめぐってまほちゃんとはるかちゃんがケンカを始めた。いつもおとなしいはるかちゃんが、「まほちゃんはいつもゆいちゃんのとなりばっかり座ってずるい！」とはっきり言うのを聞いて、その先生はうれしく思い、反対側のとなりも空いてるから座れるよ、と提案してはるかちゃんの思いがかなえられそうになったとき、突然りょうたくんが横からきてサッとそこに座ってしまった。りょうたくんはその前に思い通りにならないことがあって、ムシャクシャする気持ちでそうした行動にでたようだった。

はるかちゃんの思いをここでこわしたくない、と先生は必死だったのだと思う。りょうたくんにそこははるかちゃんの席だと説明し、反対側のまほちゃんと交渉するように説得したが、もともと願いの実現でなく、おもしろくない気持ちをぶつけていたりょうたくんは椅子を投げた。先生は思わず怒って、大きな声で注意した。りょうたくんはぷいっと部屋を飛び出していった。

しばらくしても戻ってこないので、子どもたちが園のなかを探し始めた。「りょうたくーん」「出てきてよー!」と探し回る子どもたち。「先生が怒ったからだよ」なんていうことも子どもたちに言われて、先生は、内心まずかったかな、という気持ちと、でも、りょうたくんが横入りしたうえに椅子まで投げるんだもの、怒って当然よ、という思いで複雑だったようである。

そのうち、別の部屋に小さくなってかくれていたりょうたくんを友だちが発見。先生が、どのように切り出そうかと迷っていると、「もう、りょうた、心配したんだからー」「ほら、いくぞ！」と子どもたちはりょうたくんに声をかけ、そして、みんなでりょうたくんの身体を持ち上げ、「わっしょい、わっしょい」と自分たちの保育室まで運んでいったのだった。うれしそうにかつがれるりょうたくん。

そのときの心境を、その先生は保育の討議資料に次のように書いている。

『その光景を見ていて、あせっているのは自分だけなんだな～と感じました。子どもたちはお泊まり保育の準備の段階、日々の生活のなかで年長の活動を通して、年長組の仲間どうしのつながりをつくってきているんだな～。そういうことを一番大切にって思っていたはずなのに、（私は）当日の流れとかすることとかに必死になってしまっていたんだなあと、反省しました。』

子どもたちは、その場の正論だけにこだわらず、りょうたくんのムシャクシャした気持ちと、彼がそれであばれてしまい、怒られて味わっている、バツの悪さも含んだなんともやりきれない思いをわかっていたのだろう。そんなとき、仲間としてのつながりを示す気持ちがこの「りょうたくんみこし」になったのかと思うと、子どもたちの自然な知恵に感動してしまう。

そしてこんなふうに子どもたちから学べる保育者の存在が、こうした子どもたちを育んでいることをあらためて確かめることができたように思う。

子どもにあやまる

14

保育園年長のちなつちゃんは、その頃、広告紙に凝って（？）いた。遠足のとき、決められたもの以外は持ってきてはいけないことになっていたのだが、ちなつちゃんはリュックに、広告紙の束を、しかも折らないようにうまく入れて持ってきた。それが発覚（！）したのはお昼のお弁当のときだった。中のものを全部シートの上に出したちなつちゃん。広告紙の束は担任の先生に見つかり、ここではそれで遊ばないようにしまっておこうね、と言われてちなつちゃんはリュックに入れようとした。ところが、よくあることだが一度出した荷物を入れたらどうしてもうまく入らない。先生が、「じゃ、先生のかばんに入れておいてあげる」と言ったが、ちなつちゃんはすぐには「うん」と言わずにがんばった。でもやっぱり入らない。「ちゃんと先生が入れておいて、保育園に帰ったらすぐ返してあげるから」と再度言われて、ちなつちゃんはしぶしぶ先生にその大切な紙の束を渡したのだった。

紙の束と離れても、心は繋がっていたようで、保育園に帰りつくやいなや、ちなつちゃんは担任の先生に「さっきの紙ちょうだい！」と言ったそうである。先生は、あ、そうだった、と思ってかばんから出してちなつちゃんに渡した。

そのとたん、ちなつちゃんの大きな泣き声が響いた。紙の束の真ん中にすじがついていた。そのままではかばんに入らないので、先生は半分に折り曲げてしまったのである。その折り目がくっきりと紙についていた。気づいた先生は、あわてて折り目を手でなんども伸ばして、「ごめん、ごめん、こうして伸ばしてもだめ？」と聞いた。ちなつちゃんは納得せず、「だから自分で持っていくって言ったのに！」と怒ってさらに泣いた。「じゃ、同じ紙の束をつくって持ってきてあげるから」と先生は言ったが、ちなつちゃんはひっくり返ってさらに泣く。

その激しさに、他の先生たちもどうしたの？　と集まってきた。担任の先生は困って「だって、ちなつちゃんが持ってきてはいけないのに持ってきたんだもの。先生、あやまっているでしょう？　どうしたら納得してくれるの？」と言った。そして、ちなつちゃんを抱きかかえると、誰もいない保育室のほうに連れていった。しばらくして、泣きやんだちなつちゃんを抱いたまま、担任の先生はみんなのいるところにもどってきた。「ちなつちゃん、納得したの？」

16

と聞く同僚に、担任の先生は、改めておとながあやまったことを話したという。

この顛末をいっしょに聞いていたひとりの園長先生が、「子どもって、おとなが自分の気持ちを心底尊重しているかどうかに敏感よね。私、いまの話を聞いていて思い出した失敗談があるの」と話し始めた。

ある年長の女の子が、給食のとき、自分のきらいなものをお皿の横に選り分けて、食が進まずグズグズしていたという。その子がそれを食べたくないが、そのことを言い出せないでいるのはあきらかだった。「そのとき、自分で言わせないと、という思いが私のなかにあったのね。知らないふりして〝どうしたの？〟って声をかけたの。そうしたら、顔をあげたその子がほんとうにこわい目つきで私をにらんだの。それはもうすごい迫力で、思わず、〝ごめん、先生、ほんとうはあなたが困ってること知っているのに〟と言いそうになった。立ち往生している子どもに対してずいぶん失礼なことをしたのだと、そのとき、自分の子どもとのかかわりについて猛烈に反省したの。きっと、ちなつちゃんも大事にしていた紙にすじがついた経緯がやはり納得できなかった。おとなが子どもの怒りの中身を無条件に受けとめないと、子どもは納得しないんだよね」

保育はいつでも真剣勝負！　と改めて学んだ。

かいとくんのショックなこと

ある保育園で、お正月明けからこま回しに夢中の年長のかいとくんの話を聞いた。こまの上手な保育者を他園から呼んできてその腕前を披露したことで、かいとくんのこまへの思いはさらに過熱し、毎日技を磨き、対戦相手を探してはこまを回している。担任のM先生は毎日、この対戦こまにつき合っていた。

ある日、こまのひもを巻きながら、かいとくんがしみじみした口調で、「センセ、オレ、きのうショックなことあったんだー」とM先生に語り出した。

「えっ、どんなこと？」

「あのねー、おうち帰って遊んでから、オレまちがえて、ごはん食べる前に灰色のパジャマに着替えちゃったの。そしてらママが〝ごはん食べないで寝るんだ〟って言ったの。だから、オレ、〝何か食べるものありますか？〟って聞いたら、〝納豆〟ってママが寝っ転がりながら言うから、あっ、納豆は冷蔵庫だと思って、冷蔵庫から納豆と卵出して混ぜたの。それで納豆についているカラシと、こんくらいのたれ？　あるでしょ。それ入れて混ぜたの」

「えっ、自分で混ぜられるの？」とM先生。

「うん、でもそれだけじゃ味が薄いんだよ。だから醤油入れたいなと思って、〝醤油どこですか？〟ってママに聞いたら〝たな〟って言うから、醤油の入っているたなっていったら水道の下にこうやって開くとこあるでしょ、あそこだなと思って、出して納豆に入れたらドボドボッて醤油が入っちゃって、へんな味になっちゃって、ショックだった」

M先生はこの話を聞いたときのことを、保育の資料にこんなふうに書いた。

『全部聞き終わる前から胸がキューッとなる思いがして、かいとがショックだったという部分よりいろんな部分が聞いていていてショックでした。前日はけっこう早いお迎えだったのに、なぜごはんの支度がママはできなかったのか？　きっとなかなかごはんが出てこないから、さきにかいとは着替えてしまったのではないだろうか？　なぜ、ママに敬語なのだろうか？　順を追うようにトツトツと話すかいとくんの話は、すごくその情景が鮮明に浮かんできて、かいとくんがこんなにも重たい物を背負っているのだということをあらためて感じさせられました。そして、この一年あまりのことを思い出すと、かいとくんがどうしてあんなふうにおとなを信じきれなかったり、激しさでしか表現できないでいたのかもわかったような凝縮された出来事のように思わずにはいられませんでした……。』

そして、ショックだったのはヘンな味になったことではなく、この出来事すべてだったのではないか、こういう生活を送っているオレのこと、知ってほしい、わかってほしい、という心の叫びだったのではないかとM先生は思ったのだった。

聞いていた私たちはM先生と同じように胸の痛くなるような思いだった。園長先生は、子どもを抱きしめられない自分の心を泣いて話してくれたお母さんのこともみんなに話した。

でも、一年前の四月にはM先生を拒否し、身体に触れることも許さなかったかいとくんが、午睡のときに足をさすってもらっては「ああ、いい気持ち」と言うようになり、いっしょにこうして遊び、そして胸の内を伝えてくれるようになったことに、M先生や他の先生たちの努力と、そして、子どもはわかってくれようとするおとなには心を開いていくんだ、ということをあらためて知った気がする。

20

どうしても一人で一本飲みたい！

ある保育園での一こまである。四歳児クラスで散歩に行ってたくさん遊んできた。帰ってきたとき、みんなののどがかわいていた。給食室にジュースがほしいと言ってみたら、フルーツ豆乳なら、と何本かくれた。みんな喜んだが、人数分はなかった。そして、まっさきにジュースがほしいと自分でも給食室の先生に掛け合ったけいちゃんは、どうしても一人で一本飲みたいと、職員室に寄った先生についてきて言うのである。

「じゃあさ、みんなに、ボクは一本飲みたい！　って言ってみたら」と先生がけいちゃんに言うと、「ダメっていうからイヤだ」「そんなことないよ、ちゃんと話して相談すればいいんじゃない」

先生といっしょにクラスにもどったけいちゃん。副担任で主任の先生と四歳児クラスのみんなは車座になって相談していた。みんな、けいちゃんが一本飲みたいことはよくわかっていた。

「一本そのまま一人で飲みたい人?」って先生が聞くと、ほとんどの子がハーイ!! と手をあげた。けいちゃんはギュッと身体を硬くした。「一本ずつ飲んだら足りないし……やっぱりみんなでわけっこかなあー」と先生が言うと、けいちゃんは「イヤだ!」「そうか、やっぱりどうしても一本飲みたいんだあ。困ったねー」

そんなやりとりをしていたら、あずさちゃんとゆうじくんが「いいじゃん、けいは一本飲めば!!」とサラリと言ってくれた。「あの、あずさちゃんたち、いまなんて言ったの?」

「えっ、けいちゃん一本飲めばいいって言ったの!」とあずさちゃんとゆうじくん。

先生が、「あのさ、どうしてものどがかわいて一本飲みたいけいちゃんは一本飲んで、あとは二人で一本飲むっていうのはどう? 二人組でさ、はいどうぞ、こんどは少し、とか言いながら二人でわけっこして……」と提案した。みんなは、二人で一本をわけっこして好きなように飲むのがすごくうれしかったようで、「いいよ! わたしあやかと」「オレわたると」、次々二人組になって楽しそうにわけ合って飲みはじめた。

その時のけいちゃんのことを、この顛末につきあったベテランのフリーの先生は保育の資料にこんなふうに書いている。

『けいちゃんは一本もらえてすごーくうれしかったけれど、その部屋で堂々と一本飲む気持ちにはなれなかったようで（みんなの気持ちがわかって、うれしいのと、一人だけちょっとわるいかなあーという思いがあるのかなと私は思った）先生と職員室で飲む、と耳元で言った。』そして、職員室でおいしそうに一本飲むと、部屋にもどっていったという。その先生は続けてつぎのように書いている。

『おとな側からみると、けいちゃんだけ一本はずるいとか、自分だけ思いが通って……みたいに思ってしまい、みんな平等に、と思いがちだけど、ちがうんだなあと思った。一人の思いがみんなの思いになったり、一人の思いをみんなでわかってあげられたり……時間はかかるけど、そうしたなかでほんとうの結論がみえてくるんだなあと思った。（けいちゃんの気持ちをおとなの気持ちでわがままと片付けるのでなく——筆者注）ほんとうのけいちゃんの気持ちから出発してみることが重要。まわりの子どもたちに伝えてどうおりあいをつけたらいいのか子どもといっしょに学んでいけるんだなあと思う。保育っておもしろい!!』

脱帽である。

子どもを自慢しあう

三月もおしまいの頃、その年度最後の保育の話し合いに参加させていただいた。

一歳児クラスの担任の先生が話す。

「あんなに私にしがみついてぜったい離れないとがんばっていたあやかちゃんが、昨日は○ちゃんの姿を見つけると、私をおいて、友だちのところに走っていってあそびにまじっていたの。その顔がまたよくてね、にっこにこなの」

すると、へぇ、あのあやかちゃんがねぇ、と笑いが起きる。

そうかと思うと、二歳児クラスの担任が、ごはんだよ、と呼んでも、いま、これで遊んでいるの、まだ遊んでいたい、と主張するようになった△ちゃんを、やっと、流されずにおもしろいことを見つけて夢中になれて、だからゆずれない、という姿を見せてくれるようになったねえ、成長したんだね、とうなずき合う。

もちろん、年長の先生は、もうすぐみんな小学校に行ってしまい、この子たちと別れなくてはならないと思うと、ろくになにも言わないうちから涙ぐんでしまったりする。

四歳児クラスの先生が、こんな話をしてくれた。この保育園では、ごはんやおやつでおかわりがほしいとき、大きな鍋やボウルのところに行って、先生によそってもらう。ある日のお昼ごはんのとき、かずきくんがおかわりに立った。かずきくんは、声も大きいし、よく食べるし、自分が、自分が、となることの多い子だ。その日、おかわりをしたい人が何人かいて、かずきくんはみつるくんの後ろになってしまった。すると、みつるくんが、「かずき、こっち、きていいよ」と自分の前に入れてくれた。びっくりするかずきくんに、みつるくんが「だって、おなかすいているんでしょ。たくさん食べたいんだよね?」と言っている。かずきくんはうれしそうに先に並んだ。先生は、たくさん食べてね、とおかわりをよそった。かずきくんは帰り際に、後ろにいるみつるくんに、「みつる、ありがとう」と言った。みつるくんもうれしそうだったという。へえ、四歳児も成長したね、ゆずったりできて、それにありがとうが自然に言えるなんて、とみんな感心した。

ところがこの話には続きがあって、次の日、かずきくんがまたおかわりに立っている。その日はほかには誰も並んでいなかった。先生がかずきくんに、「かずきくん、おかわり、いいよ」と声をかけてもなんとなく行ったり来たりしている。そのとき、ひとりの子がおかわりに立ってきた。かずきくんは、待ってましたとばかり「さきにおかわりしていいよ」とその子にゆずったのだ。びっくりして、ありがとうと言った友だちに、かずきくんは、「ああ、いいんだ、おれ、おにいさんだから」と言ったそうである。聞いていた先生たちはみんな笑った。かずきくんの姿を想像して、かわいかったに違いない。

四歳児クラスの担任の先生は、ことばを続けて、「ゆずれてすごいとか、受け入れてもらえた、わかってもらえたから、とかおおげさなことでなくて、みつるくんの気持ちもうれしかったし、自分がゆずってもらっていい気持ちだったから、こんどは自分もちょっとやってみたかったっていうか……。こんなささいな暮らしぶりがとってもよくて、かずきくんかわいいなって思ったの」

こんな暮らしのなかで、こんなふうにおとなたちにいとおしく思ってもらいながら、日々、友だちとあれこれあってこそ、子どもは育つのだな、と実感させてもらった話だった。

あゆちゃん

四歳児クラスの女の子たち四人とかるたをした。知らないおとなでもちゃんと入れてくれた。誰が札を読むか、という話になって、読みたい人が二人いたが、読み札を取り出して先に持った子が読むことになった。もう一人の読みたかった子は、それでもとくに何も言わなかった。

いざ始まってみると、読み手になった子はまだ文字が読めないらしく、あゆちゃんという隣の子に札を見せてはコソコソ声でなんて書いてあるのか教えてもらってから読むのだった。みんな絵の札なら覚えていて、絵札でやれば全部読める（?）のだろう。でも、読み札は全部文字なので、字が読めないとわからない。

そこにいたなかでは読み手の子はまったく読めず、あゆちゃんはすらすらと文字が読めて、他の子は思い出しながら、読めたり読めなかったりのようだった。

他の人より先に札を見せてもらっているあゆちゃんは、教わった子が読み始めるときにはもう絵札を探している。あゆちゃんだけが、取った札がどんどんたまっていき、私も、他の子も一枚もとれない。

それでも誰も、あゆちゃんは先に知っているのだからずるいよ、などとは言わない。

私はちょっとがんばって一枚、あゆちゃんより早く手を出すのに成功した。そうしたら、あゆちゃんが、「いまのはそっちのスタートが早すぎたからいけないんだよ！」と言って、私が手をついている絵札をもぎとって自分のものにした。

「えっ、そんなことないよ、スタートが早すぎるってどういうこと？」と私はあゆちゃんに聞いたが、あゆちゃんは堂々としたもので、それについては何にも言わない。他の子も何も言わず、かるたは順調に（？）すすんでいく。

私はむきになって、あゆちゃんの快進撃を阻止すべく、いっしょうけんめい絵札をさがした。そして、何枚かの絵札を獲得した。今度はあゆちゃんは何も言わず、ただ、自分が取ったときには、「すぐみつかったもんねー」と得意そうに言ったりした。

いつのまにか、あゆちゃんと私の二者対決になっていった。はじめに読み手を希望して果たせなかった子が私を隣でそっと応援してくれているのがわかった。

もちろん、結果はあゆちゃんの一人勝ち。勝ち誇ったようなあゆちゃんの顔を見ていると、他の子たちに、「みんな、それでいいの？」と言いたい気分になったが、みんな、なぜか満足そうにしている。

その満ち足りた何人かの顔を見ているうちに、ふとこんなに「あゆちゃんはずるい！」とむきになっている自分のことがおかしくなって、つい笑ってしまった。

子どもを理解し、子どもの側に立つことを徹底することの大切さを保育者たちと学び、そのことを保育者たちに訴えている私が、あゆちゃんにこんなにも簡単にむきになってしまうなんて！

私が保育者たちから教えてもらった子ども理解の背景には、大勢のあゆちゃんと、むきになった保育者がいて、そのことで葛藤し、それでも友だち同士でそれはずるい！　と思い合うようになるまでは、こんな楽しみ方もあるんだよな、と子ども理解を深めてきた経緯があるのだと思い知った出来事であった。

けんかの終わり方

ある保育のビデオを見ていたら、三歳児クラスを若い先生がひとりで担任していて、けんかが起っているところが映し出されていた。じゃんけんをしていて、女の子と男の子が勝ったのは自分だと両方とも主張してゆずらない。二人を囲んでいる他の子どもたちもどっちが勝ちだったのかよくわからないらしい。

二人の訴えを聞いた若い先生は、わからないのならもう一度じゃんけんをすることを提案し、二人は再度じゃんけんをした。結果は女の子の勝ち。一件落着かと思った瞬間、負けた男の子が勝った女の子をたたいたのである。女の子は大声で泣き出し、友だちが何人も慰める感じになった。先生は、女の子のたたかれたところを水で絞ってきたタオルで冷やしながら、少し離れて憮然として立ち尽くしている男の子に「たたいたらいけないよ」と話しかけた。「たたいたらお友だちが痛いよ。たたいたこと、あやまれる?」とさらに聞くが男の子は何も言わない。「いますぐあやまれる? それともあとであやまる?」と先生が提案するが、男の子の表情は硬く、固まったままである。

そのまま、園庭で遊ぶことになり、先生はその男の子を連れて園庭に出て行きながら、インタビューに答えて、「すぐにはあやまれなくても気分を変えると素直になれたりすると思うんです」と言っていた。そして、次が給食を食べている場面。さっきの二人は隣り合ってほかの子たちとも話しながらお互いに笑顔で顔を見合ったりしている。こちらはその間に何があったの? と知りたくなるが、説明によると、庭で遊んでいるときに男の子が小さい声で女の子に「ごめんね」と言ったのだそうだ。私としては、この決着でほんとうにいいの? とも考えてしまったのだが、男の子のくったくない笑顔が映って、この子はほんとうはこんなに楽しそうに笑顔でよくしゃべる子だったのか、と場面による子どもの表情の変化の大きさにいまさらながら驚いた。

また、ある保育園の先生にやはり三歳児のけんかの話を教えていただいた。

二人の子どもがおもちゃの取り合いを始めた。「○の!」「△が使ってたの!」とお互いに一歩も引かない。その先生としては二人の性格や状況から、これはなかなか折り合いがつかないかもしれないと思った。声をかけるタイミングに迷ってそのやりとりを聞いているうちに、同じ言葉を使い続けていることに二人が笑い出し、いっぺんに空気が変わって、譲り合っておもちゃを使い始めたという。

その先生は、おとなは子どもを見て推測してしまうが、子どもにはおとなの思いを超える姿があると思ったそうである。

ほかにも、五歳児が共同でつくっているものに、間違って触れたことを壊そうとしたと勘違いし、「仲間を抜けろ!」と言って何人かがけんかになったが、「よく話し合ってあとで教えて」と担任がはずれていたところ、オセロで勝ったらその人の言うことを聞くことにした、と言ってオセロゲームを始め、盛り上がって二回もやってけんかは自然消滅したという話もある。「あんなに怒っていたのに、オセロで決着とは読めなかったなー」と担任の先生も脱帽。

「正しい」けんかにこだわって関係が壊れることを恐れているのはおとなだけなのかもしれない。

行事のあと

　ある保育園の二月の発表会の話を聞いた。その園では、できるできない、という結果のみが子どもたちのプレッシャーにならないように、行事をする際には気をつけていた、という。三歳児クラスも四歳児クラスも五歳児クラスもそれぞれに自分たちで考えたり工夫したことを劇としてやって、とてもよかったそうである。三歳児クラスは練習のときふざけている子たちもいて、どうなることかと思ったけれど、本番ではちゃんとできて保育者たちをホッとさせた。とくに年長さんは、見に来た保護者たちもその成長に感動して、涙ぐむようなでき映えだったという。

　発表会はお昼で終わり、その日、休みをとって見に来ていた保護者は子どもといっしょに帰り、仕事などのある保護者はそのまま職場に、と散っていった。職員たちも、その日の子どもたちがよくやったということで、子どもたちと達成感を共有する感慨に浸ってその日を過ごした。

ところが夕方、みんなが帰ってしまった三歳児クラスの壁に、大きな紙に大きな文字で書いた手紙が貼ってあったという。そこには「○○ぐみさん（三歳児クラスの名前）、だめだったね」と書かれていた。先生たちはびっくりして、これを見ていった保護者はいないだろうかとあわてた。こんなことを読んだら、保護者もきっと驚いてがっかりするだろうし、それをずっと貼ったままにしている保育園にも不信を抱くだろうと思ったからだ（でも、誰も見ていなかったようである）。

「この手紙はさっきまではなかった」、とそのクラスの先生が言った。保育園で、こんなにじょうずに文字が書けるのは年長のあの子しかいない、ということになって、まだ残っていたその子を呼んだ。

三人の仲良しの女の子たちでやったことがまもなく判明した。その子たちは、「だって、練習のとき、○○ぐみはふざけてばかりいた。だから、書いた」と主張した。

一人の先生が、その子が行事の終わったあと、仕事に戻るお母さんに「いっしょに帰りたい！」と言ってお母さんを困らせていたのを目撃していた。お昼にお母さんといっしょに帰りたかったの? と聞いたとたん、その子はワーっと泣き出したという。

もう一人の子は、お父さんが午後四時に迎えに来ると言っていたのに、その時点で午後六時になっていて、まだお迎えが来ていなかった。三人目の子は、「いけないとは思ったけど、友だちといっしょだったし……」ということだったようである。

大きな行事を子どもがちが精一杯まっとうし、先生たちは達成感でいっぱいだった。そして、子どももそうだ、と思いこんでいたのだという。考えてみれば、精一杯がんばった子どもたちの気持ちのなかには、だから今日は一番ホッとしたい、うんと甘えたい、という気持ちが出てきても当然だったかもしれない。年長だから、とドキドキする自分を奮い立たせてがんばったかもしれない子どもたちの、行事のあとの思いを自分たちは考えていなかった、申し訳ない、とその先生は言う。

また、子どもたちに教わった、とその園の先生たちは言い合っているという。

年長クラスの保育

五歳児の保育の学習会をした。

保育園の年長クラスは、その保育園の伝統や保育の到達点を示すものとして保護者からも園のなかでも注目され、目に見えるかたちでの成果を示すことを求められることが多い。保育園で一番大きい年長組としては、学校に上がる前にしっかりした子どもに成長してほしい、とみんなが願っている。そして、それはときには、子どもたちにとっても担任の先生にとっても、なかなかきつい一年間になる。

ある園では年長組では竹馬をすることになっていた。毎年、夏にはお父さんたちの力を借りて、子どもたちの目の前で竹馬をつくってもらう。そして、それを見えるところにかけておく。

前の年の年長クラスの先輩が、竹馬を上手に乗りこなしていた姿を知っている今度年長になった子どもたちは、先輩への憧れもあり、先生の薦めもあって、率先して竹馬の練習を始め、一人またひとりと、だんだん乗れるようになっていく。

そのなかに、「絶対竹馬には乗らない」と言う子がいた。みんなが乗れるようになっていき、これなら運動会でもやれるかな、と担任が思っているときに、ひとりだけ、「やらない！」と宣言し、ほんとうに触ろうともせず、担任としては困ってしまった。

いろいろ誘ってもダメ、友だちに誘ってもらってもダメ、ほかの子ができたことを聞こえるようにほめてもダメ。でも、ほんとうはやりたいのではないだろうか？　と担任は考えたという。

二人だけで話をし、やりたいけれど、上手くできない姿を見られたくないというのなら、朝早く、みんながくる前に、いっしょに練習してもいい、君の本心が知りたいと迫ったのだそうだ。でも、その子はあくまで「やらない」と言い、そこで、なんとしてもやれるようにしてあげたい、という自分の思いを子どもに押しつけるのはやめよう、と初めて思えたとその先生は語ってくれた。

そしてその子はとうとう竹馬には乗らずに卒園していったそうだ。その子はほかの子と同じように保育園でたくさんの大切な体験をし、友だちもできて学校に上がっていったというが、彼のなかでは、この年長の時期、竹馬をやるかやらないかを迫られ続けたことはどんなふうに残っているのか、もう少し大きくなったらぜひ聞いてみたい。

このほかにも、なわとび、登り棒、跳び箱、劇ごっこで役になって演じる、そしてお泊まり保育で肝だめしをやり、「怖い」を乗り越える体験をする、それよりも何よりも「先生のところに集まって」と言われたら集まってちゃんと話を聞く……年長さんにはたくさんの「できるようになってほしいこと」があることが出された。そして、その一つひとつに、年長の子どもたちと担任の先生の、まさに「できるかできないか」をめぐるさまざまなドラマがあった。

当日まで舞台に立たないと言っていたが、当日はナレーターがちゃんとできたというケース、運動会でも出演はしなかったが並ぶところまではできたというケース、でも劇場ごっこが間近にせまったとき、あまりに不安でモノに当たったり、いらいらしたり、それこそ「年長だけれど」担任の先生に抱っこやおんぶをずっと求める子どもたちの姿を見ると、年長の保育を考え直してみたい、と切実に思う。

38 言ってはいけない言葉の意味

ある年長の男の子の話である。たけるくんは明るくておどけて見せたりすることが好きな子だった。おちゃらけてみたり、ゲラゲラ笑って友だちを笑わせたりすることがよくあった。

そのたけるくんが最近、「大きいおしり」とか「デブ」「変な顔」などといった言葉をさかんに言って誰かをばかにするようなことをするようになった。また、友だちがちょっと言い間違えたりするとそれをわざわざ繰り返して笑ったりする。その友だちがいやな顔になってもおかまいなしだ。

散歩に出かけたとき、担任のA先生の通った学校のそばをとおった。先生が「ここはA先生が通った学校だよ」と説明したら、クラスの子どもたちは「へぇー」と見ていたが、たけるくんは「はい、みんなー、ここはA先生がデブだったときの学校でーす」と言った。友だちが反応しなかったので、さらに「ねえ、みんな聞いて！　おもしろいよ、ここは……」と繰り返して言った。たけるくんは笑ったが、友だちは誰も笑わなかった。友だちが歌を歌っているといっしょに歌いだしたたけるくん。それとなく聞いていると、「デブのおじさんが～」とか「ふとって～」とか、勝手に歌詞をつけて歌っている。そのうち、先に歌っていた友だちは歌うのをやめてしまったが、たけるくんは続けてずっと歌っては友だちに聞かせようとしている。給食のときなどにたけるくんがわざと言う、こうした言葉に反応し、いっしょに笑うのはゆうとくんひとりだけ。ふたりしておおげさにゲラゲラいつまでも笑っている。

考えてみると、たけるくんのこうした姿が頻繁に見られるようになったのは、野球をやめた頃からだ。野球が好きなお父さんは、わが子にもやらせることに熱心だった。どこかのチームのようなところにたけるくんを入れて、靴、ユニフォームなどをそろえ、練習のある日には早々と保育園に迎えに来る。たけるくんもまんざらではない様子で親子で出かけていたのだが、先日、そうやって出かけたのに、翌日は親子ともしょげていて、お母さんまでなんだかがっくり。詳しくは言いたくない様子であったが、とにかくその日からぷっつりとたけるくんは野球をやらなくなった。保育園では野球といっても簡単なボールあそびなのだけど、それまで大好きだったのにどうしたの？　と先生たちが心配になるほどだった。

そうやって話していくうちに、たけるくんはバイオリンも習っていて、毎日欠かさず少しでも練習しなくてはいけないことになっているという話がでた。どうしてかというと、祖父母、両親がチェロとかピアノとかそれぞれ弾ける楽器があり、たけるくんがバイオリンを弾けるようになれば家族で室内楽（？）が演奏できるようになるからだという。また、祖父は絵がたいへんじょうずで、たけるくんは祖父に絵も習っているそうである。

次第にたけるくんにかけられた家族の期待の大きさや、おとなの希望にそった生活をしているのではないかといった様子が見えてくるにつれ、たけるくんのおおげさな笑いや、わざと「デブ」とか「大きなおしり」とか言っては友だちに笑ってもらおうとする姿が、たけるくんなりに自分の存在をわかってほしいという必死でせつない姿に見えてくる。そういえば、と担任の先生は、別のクラスの子に「チビ」と言われてくやし涙を流していたこと、自分が跳びたいのにまだ跳べない五段の跳び箱を跳べる子がやろうとするのをじゃましていたたけるくんの姿などを話してくれた。

人のいやがるような言葉で笑いをとろうとしなくてもすむように、たけるくんが自分に自信が持ててみんなに認められるチャンスを保育のなかでどうやってつくっていこうか、先生たちは考えて、現在実践中である。たけるくんのためにも成就することを祈る。

あそびのツボ

ある保育園の保育討議で、三歳児クラスのやすきくんの話になった。やすきくんが、どんなあそびだったらほんとうにおもしろいと思うのか、つかめない、という若い副担任のK先生の悩みがきっかけだった。その先生は討議資料にこんなふうに書いている。

『みんなが（中略）ごっこをしたり、ブランコに乗ったり、かくれんぼをしたりしているなか、やすきくんは黒いジャンパーをバサバサさせながら「見て!! コウモリ!!」と言ってきました。「ほんとうだ、コウモリに見えるね」と返事をしつつも、私はほかの人と遊んでいました。するとその後も、何度も「コウモリ!!」と言ってきて、次には「K先生もできるよ」と言ってきました。

そこで私もフリースをバサバササさせてみると、やすきくんの目がキラッと輝き、私のほうをふりむきながらバサバサと走っていきました。私もバサバサしながらやすきくんが走ったあとをついて行きました。やすきくんは、私があとについてくるのが楽しいらしく、近道をすると、「そっちじゃないよ。あっちでしょ」と指摘してきます。

私はそのあそびのツボ？ みたいなのがわからなくって（追いかけて〝マテー〟とやるのがいいのか、やすきくんのマネッコしたらいいのか、もっとごっことして発展させていくのかとか……）わからないまま、続きは夕方となりました。そのことから、きっとやすきくんのなかには、ああやりたい、こうやりたいとか世界がいっぱいあるけれど、それがわかってあげられていない部分がいっぱいあるのかな～と思いました。（後略）』

そして、友だちと保育者が闘いごっこや高氷鬼（高鬼と氷鬼をまぜたもの）とかをやっていると、（誘っても仲間には入らないで横で見ていて）急に「カンチョー！」とやってきたり、「こっちだよ～」と追いかけられるのを待っていたりするやすきくんの姿を紹介している。

その資料のおしまいには、『やすきくんと、もっとおもしろさ、楽しさを共有したいので、みんながつかんでいるやすきくんの姿があったら教えてもらいたいと思います。』と書かれていた。

やはり若い担任のS先生も、いま、そのクラスでみんなが夢中になっている「きらら姫ごっこ」（きらら姫が怪獣にさらわれて、それを助けに行き、戦って助け出す）からは、すうっと抜けてしまうやすきくんのことを気にしていた。「カンチョー！」には、「まてー」と追いかけはしたが、やすきくんの気持ちをつかみかねていたのだった。

みんなでやすきくんの姿とかかわりを出し合ったが、これだ！という手だてが見出せず、うーんと煮詰まっていたとき、大ベテランの先生が、「明日やすきくんに会ったら、ねえ、やすきくん、昨日おもしろかった〝あれ〟またしようよ、って言ってみたらどうかしら？」と言い出した。みんな、この発想に驚いたが、そうしたら、何をおもしろいと思ったのか、わかるかもしれない、ということになって、若い担任の先生が実際にやってみたのである。

結果は予想を超えた大成功！やすきくんは、先生に「あれ」と言われて二人だけがわかっていて、友だちになに？と聞かれるのもほんとうにうれしかったらしく、「カンチョー！」の追いかけっこから始まって、こんどはきらら姫ごっこでも友だちといっしょに戦ってしまったのだった。いまでは、きらら姫ごっこにはなくてはならないやすきくんになっている。

どの子にももっと遊ぶ楽しさを！そのためにみんなの力を借りたい、という若い保育者たちの姿勢と、それに応えようと奮闘した職員集団の快挙である。

泣いてがんばる

ある保育園のお昼ご飯が終わる頃、廊下にものすごい泣き声がひびいた。三歳児のはなちゃんだった。あまりの大声に、事務室から園長先生も飛び出してきた。

「どうしたの？　何があったの？」

ご飯のあと、部屋を掃除して、午睡の準備をする。一人の先生がそれをしている間、ちょっとホールで遊んでこようと、もう一人の先生がさそったが、とにかく「やだやだ‼」となってしまい、廊下に座り込んで泣いているという。

はなちゃんは、ふだん、けっこうやさしいのに、ときどきパニックになったように大泣きをするのだという。そういうときは何を言ってもだめ。

「じゃ、お友だちと先にホールにいってるよ、あとからおいで」。園長先生が出てきてくれたので、困っていた担任の先生ははなちゃんをお願いしてほかの子を連れてホールに向かった。はなちゃんの泣き声がひときわ大きくなった。

園長先生が、「何がそんなにいやなの？」と抱っこしようとしたが、あばれていやがる。それでも泣きじゃくりながら何か言ってるはなちゃんから、とうとう聞き出したのは、「イチゴ、食べてない！」であった。

その日の給食のデザートは甘みのある大きなイチゴ。ひとりに二粒ずつだった。クラスで掃除をしていた先生に、園長先生が、「はなちゃんがイチゴ食べてないって言ってるけど……」と聞きに行った。その先生の答えはこうだった。

みんな、だんだん食べ終わり、給食の片づけを始めようとした頃、遊んでいたはなちゃんがテーブルにもどってきて、席に着き、「イチゴ、ちょうだい」と言った。はなちゃんの座った近くのお皿には、どれにも二つずつ、イチゴのへたが残っていた。

先生は、はなちゃんが、さっき食べたのに、もう一度食べようとしていると思ったのだという。

「はなちゃん、もうイチゴ食べたでしょ」と先生が言うと、はなちゃんは、「食べてない！」

先生は重ねて、「ほら、ここにへたが二つ、ちゃんと残ってるでしょう。だから、さっき食べたんだよね」と言うが、はなちゃんは「イチゴ、食べてない！」と言う。「食べたでしょ」「食べてない！」と言い合いになって、さあ、もうおしまいにしてホールにいくよ、という先生の言葉に、わーん！　となったということだった。

「イチゴ、ほんとうにはなちゃんはもう食べていたの？」と園長先生が聞くと、先生たちはそう思っていたけれど、でも、そういえば、イチゴの数が合わなかったのだという。

だいぶ、子どもたちが食べ終わった頃、イチゴがいくつか残っていた。先生たちとまだごはんを食べている子どもの分を数えても二つ余っている。イチゴ、みんな食べた？　の問いかけにもとくに反応はなかったらしい。給食室の数え間違いかもしれないと思ったとき、たまたま顔を出したお手伝いの人に、イチゴ二つ余っているからと、あげてしまったのだという。

はなちゃんの言うことがほんとうなら、あのイチゴははなちゃんのだったかもしれない、と先生は言った。先生が子どもたちに問いかけたとき、はなちゃんはあそびに夢中で聞こえなかったのかも知れない。「それじゃ、泣いて怒るはずだよね」と園長先生。

それから、先生は、いそいで給食室に行って、イチゴを二つもらってきて、はなちゃんにあげた。そして、夕方お迎えにきたお母さんにこの顛末を話し、はなちゃんにもお母さんにも「ごめんなさい」とあやまった。泣いてがんばったはなちゃんに拍手！

二歳児は手ごわい

保育園の二歳児クラスはなかなか手ごわいところがある。

それぞれの〈こだわり〉〈つもり〉がぶつかったりするし、自分の主張をよくがんばるし、「やだ！」「やだ！」があっちでもこっちでも連発される。家に一人いるだけでも親はたいへんだったりするのだが、保育園にはそんな状態の子どもがいっぱいいるのだから、どんなにたいへんかと思う。

ある保育園の二歳児クラス。

朝の登園時、自分が一番に先生に「おはよう」の挨拶をしたかったのに、お母さんと先生がさきに挨拶をしてしまった、と言って泣いて怒り、入ってくるところからやり直す子。友だちの使いたいものをわざと全部確保してしまって、貸さないことを注意されると、「全部使いたいんだよ！」と怒って泣いたりする子。でも、使って遊んでいるわけではない。

一歳児クラスのときから、かみついたりすることがあって、気にかけていたかりんちゃん。二歳児クラスになっても、イライラして友だちを急に押したり、友だちのものを取ってしまったり、かんだりが続き、担任の先生たちは悩んでいた。

夏を過ぎて、こんどは保育室を飛び出して、廊下やベランダも走り抜け、外へ出て行こうとすることが多くなった。先生たちは、友だちにかみついたりしないようにと気をつけるだけでなく、危ないし、勝手に飛び出さないように、と気をつけなくてはならず、いつも気を張っている状態だったという。

二人の担任の先生は困って、主任や乳児リーダーの先生たちと話し合いをした。

みんなで考え、知恵をしぼるなかで、「かりんちゃん、充分に遊べていないのかしらね」ということが出された。「かりんちゃんがすることがどうしてもトラブルになりやすく、注意せざるを得ないので、かりんちゃんからみればいつも注意されている状態になっていて、ますます楽しくないかもしれないね」「かりんちゃんのもっとなにかやりたいという気持ちをおもしろいあそびとかにできないかなあ」と先生たちは考えた。

そして、その話し合いのあと、先生たちが思いついたのは、「脱走ごっこ！」。担任の先生が、

「逃げちゃおうー」と、保育室からホールに走って出て行くと、気づいた子どもたちが追いかけ、こんどは別の担任が子どもたちを追いかけ……。考えてもいなかった子がすごくのってきたりして、予想以上の盛り上がりになった。その後、「オオカミごっこ」になり、『オオカミと七匹の子ヤギ』のお話ごっこも混じり、かりんちゃんは、その延長で、すべり台やなにかの下にカップなどを運び込んで「おうちごっこ」に夢中になった。

ずいぶん落ち着いてきたな、と思っていたある日、まおちゃんとたかこちゃんがおやつの席をめぐって取り合いが始まった。ふたりともりこちゃんのとなりに座りたくて、の争いだったのだが、まおちゃんが手洗いでちょっと留守になった席にたかこちゃんが座った、というよくある経緯で、両者とも引かない。すると、向かい側にいたかりんちゃんが、「よし、わかった！　かりんがこっちに動くから」と仲裁を買って出たのだ。向かい側は、実はあまり関係なかったので、「やだ！」と言われてしまったのだが、それでも、なんと、最後はたかこちゃんが「かりんちゃんのとなりに行く」と自分から言い出して、めでたく決着したのだった。

二人の担任の先生は、かりんちゃんの見当違いの申し出も含めて、クラスの子どもたちみんながかわいくてたまらなかったと、話しながら涙ぐんでいた。手ごわい二歳児たちも、こんなにかわいがられて幸せに育っていくのだなあ、としみじみ思う。

〝嫌い〟より〝好き〟

ある保育園での話し合いの記録をみていたら、『子どもって、〝嫌いなものを嫌い〟と言うより、〝好きなものを好き〟と言うんだなと思った。好きなものをいっぱい食べることが、自分が認められているって思えることにつながるように。偏食の強いしょうたくん、団子には〝オッ〟と言って食べる。野菜がいっぱいだと見向きもしない。でも自分がこれくらいなら、と思えると、自分から（食卓に）来れる。』とあった。そして、『子どもがこうしたいと思って行動できることは大事にしたい。』と。

もう一昔も前の話し合いのメモで、しょうたくんもとっくに卒園しているであろうし、一歳児を当時担当していたその先生もだいぶん前に退職されている。

でも、このメモを見て、知人が話していた子どものことが浮かんだ。

ある保育園で、その子は給食を一生懸命食べているのだけれどほかの子よりも遅くなってしまう。別に、それをせかしたりはしない園だったようで、それでよかったのだが、そのクラスには、ぜんぶ食べ終わってからでないとおかわりができない、というルールがあった。

ある日、その子はその日の献立のなかでポテトサラダが気に入ったようで、うれしそうに「きょうは、ポテトサラダ、おかわりするんだ!」と言いながら食べていたのだそうだ。でも、ゆっくり食べるその子はなかなかおかわりができない。一生懸命食べているあいだにほかの子たちはいろいろなおかずを入れ代わり立ち代りおかわりし、知人はポテトサラダがなくなるのではないか? と心配だったという。果たして、その子がすべてを食べ終えておかわりに行ったときにはポテトサラダはもうなかった。

おかわりはそのときそのときで食べたい子たちの間で調整がされたり、他のクラスに頼みに行ったり、給食室に残っていないか見に行ったりして、もらえたりもらえなかったりがあり、それも〝暮らす〟ということなのだけど、この子の場合、ぜんぶ食べたら、というルールの前では、この子がおかわりに立つときは他の子のほとんどは食べ終わっている状態なので、食べるのが急に早くならない限り、常にこのような結果になってしまう。

私たちおとなは、子どもの発する「嫌い」を重視し、そのことでその子がなにを伝えたいのかを理解しようとし、同時に、やがてはそのもののおいしさを知ってもらえるように努力しようとする。

でも、「好き」にも同じくらい注意を払っているだろうか？　その子の「好き」を尊重し、好きなものを食べているときの子どもの幸せを、心から「おいしいね、よかったね」と祝福し、共に喜んでいるだろうか。

好きなものについては、とりあえず問題がなくてよかった、とおとなのなかで勝手に片付けてしまって、子どもの「嫌い」ばかりに注目しているような気がする。

冒頭のメモはそのことに関して、子どもの見方の見直しを提起していたのではないだろうか。子どもがせっかく発信した「好き」をたっぷり保障し、その思いをわかり合うことで、子どもは自分がわかってもらえているという安心感のなかで幸せをかみしめることができる。そんななかできっと人間信頼の土台を築いていくのだと思う。

朝のはじまり

何人かの保育者たちでおしゃべりをしていたとき、ある若い保育士さんが、「朝の集まり」に子どもたちがなかなか集まらないという悩みを話した。

「そのとき、子どもたちはどんな様子なの？」とひとりが質問した。……外で三輪車などを乗り回して何人かで遊んでいたり、砂場でままごとをしていたり、カップに土を入れて水をつけてはすべすべにするのに夢中になっていたり、部屋でおうちごっこが始まっていたり……そういえば登園したばかりの子もいるなあ、とその先生が答えた。

あそびがようやくおもしろくなって佳境に入っているときに、「集まれ」と言われても簡単には集まれないよねえ、と誰かが言った。遊び始めたばかりの子だったらなおさら、まだ遊んでいたいと思うんじゃない？　と別の人が言う。

そして、朝、集まって何をするのか、集まらなくてはいけないものなのか、実際みんなどうしているのか、という話になっていった。以前は園全体（といっても乳児は抜き）で集まり、朝のあいさつをして体操やダンスをしたり、ゲームをやったりしていたが、いまはクラスで集まり、朝のあいさつをして、歌を歌ったり、その日の出席確認をしたり、その日にやろうと思っていることを説明したりしているという園や、前は朝の集まりをやっていたが、何かその日の活動をみんなで話したりする必要がなければ、いまはしていないという園など、いろいろだった。

やっていない園では三歳未満だと朝のおやつのときに集まることになるけれど、三歳以上は散歩に行くとか、クラスで何か活動の予定があれば、そのときに集まって話すという。それだと朝のはじまりがはっきりしなくなるのではないか、という心配の声も出た。

誰かが、子どもにとっては登園してきたときが、その子の保育園のはじまりだよね、と言った。朝、早く保育園にきた子にとっては、そのとき、園にいる先生と「おはよう」を交わしたら、当然だがあそびに入る。今日は何をしようかと少し時間をかけてウロウロする子もいるし、やりたい続きがあって、そこに飛んでいって、昨日の続きのあそびをはじめる子もいる。先生にしばらくくっついていないと朝のスタートが切れない子もいるだろう。それでも、早くきた子どもたちの朝がはじまっているところに、あとから友だちや先生が次々登園してくることになる。以前、早番の先生に気づいてほしくてゴミ箱を蹴っていた子がいたのを思い出したが、そうしたそれぞれの子どもの朝の思いもあるだろう。

一人の先生が、次々出勤してきた職員が、元気よく、大きな声で、きている子どもたちに「おはよう！」と言うのは、あそびに集中している子どもにとっては、もしかしたらちょっと迷惑なこともあったりしないかしら？　と笑いながら言った。担任は自分がきたときからそのクラスがはじまるみたいに思ってしまうかもしれないけれど、一人ひとりの子どもにとってはそれが区切りというわけではなくて、朝はもうはじまっている。それぞれの子がきたときからのあそびがどの子も満足できていくように自然に子どもたちのなかに入っていけるといいよね……。

早くくる子にとっても、そして遅くくる子にとってもその子の保育園での一日のはじまりを大切にするには？　とその場のみんなが改めて振り返ることになったおしゃべりだった。

満たされる瞬間《とき》

ある一歳児クラスの出来事である。

給食にはいつも果物がついているが、その日の果物はぶどうだった。まもなく二歳になるゆうちゃんは、なぜか梨が出ると思っていたようで、「ナシ、ナシ」と何度も要求してくる。担任の保育士が「今日はぶどうだよ。ほら、大きなぶどう、おいしいよ」と見せても首を横に振って、「ナシ、ナシ」と言い続け、「今日は、梨はないの。ぶどうなの」と説明すればするほど「ナシ!」と言って泣き出した。ぶどうをいくら勧めても、食べようとしない。ゆうちゃんはたしかに梨が大好きだった。

中堅ベテラン（?）の担任の先生は、ゆうちゃんに、「じゃあ、いっしょに給食の先生に聞きに行こうか」と言った。今日の果物がぶどうであることが納得できるように、給食室の先生が力を貸してくれるかもしれない、と思ったからである。ゆうちゃんは泣き止んで先生といっしょに給食室に向かった。

給食室のカウンター越しに担任の先生は、給食の先生にゆうちゃんがどうしても梨が食べたいと思っていて、「今日はぶどう」と言っても納得してくれないのだ、と話した。

給食の先生は「ゆうちゃん、そんなに梨が好きなの？ そんなに食べたいの？」と声をかけた。ゆうちゃんはうなずいた。給食の先生は、給食室に一個だけ梨が残っていると言った。そして、そんなに食べたいのだったら、おやつのときに一歳児クラスのみんなでその一個を食べてもいい、と言い出した。担任の先生はびっくりしたが、給食の先生がそう言ってくれるならありがたい。みんなで分けたらとても小さな一切れになるだろうけれど、それでも、自分の願いがかなったゆうちゃんはどんなにうれしいだろう。「それでは午睡のあとのおやつにぜひ」とお願いした。ゆうちゃんは満足して担任といっしょに部屋に戻り、ぶどうを食べた（すっぱいと感じたようで、べえっと出してはいたが）。

その担任の先生は、午後から研修があって、市役所に行かなくてはならなかった。約束したおやつのときにクラスにいられない。給食の先生にもう一度、念を押して研修に出かけた。

夕方、研修から帰って、同僚に、「おやつに特別に出た梨に対するゆうちゃんの反応はどうだった?」と尋ねた。きっと約束どおりの大好きな梨を喜んで食べたのだろうな、と想像していた。ところが、同僚の先生は、「あ~普通に食べていたよ」と言った。

担任の先生は、給食の先生には繰り返しお願いしたけれど、自分のあとに保育に入ってくれる先生には、このゆうちゃんのこだわりを含めたいきさつをちゃんと話してなかったことに気づいた。だから、おやつに梨が出たときに、ゆうちゃんにそのことを思い起こさせ、いっしょに喜んだり、ということがなかったのだ。

次の日、ゆうちゃんに「昨日、梨、食べたの?」と聞くと、「うん」と言ったものの、なんのことやらわからない、といった感じであった。時間が経ちすぎてしまったこともあるだろうが、子どもの思いを汲むということは、その場で、子どもといっしょに、よかったね、と共感することが大事なのだとその先生は思ったという。

梨が登場することそのものが子どもの満足の中味なのではなく、自分が主張したことをわかってくれた先生たちの共感によって、子どもは願いが遂げられたと実感できるのかもしれない。その意味では、給食室から担任の先生といっしょに自分の部屋に戻るとき、願いを聞き届けてくれたおとなたちのおかげで、ゆうちゃんはもう十分満足していたのかもしれない、とも思う。

振り返ってみれば

ある保育園でこの一年を振り返っての話し合いに参加した。今年の四歳児クラスは中堅の先生と新人の先生が二人で保育をした。新人の保育士さんは一年前を振り返り、こんなことを書いていた。

四月当初、新人は四歳児より新しく、子どもたちに圧倒されることが多かったようで、たとえば朝の集まりのときに、「今日は散歩に行きたいと思います！」と言うと、「えー、やだー」の声を浴び、それでも散歩に出かけると、そう言っていた子どもたちが楽しそうに遊んでいるのを見て、さっきの「やだ」はなんだったのかと思う毎日だったそうだ。

もっとたいへんだったのは午睡の時間。担任も交代で休憩や会議に出るので、一人になる時間帯がある。新人一人だけということがわかると、何人もの子が、『いきなり目をキラキラさせて、話し出したり立ち歩いたりと午睡の時間ではないような光景が広がっていました。』と、一〇人もの子どもの名前が挙がっている。そして、さらに『いまでも覚えているのは、三人の女の子が、いきなり立ち上がって何をするのかと思ったら、クラスにある椅子の上に自分たちのお布団をかけて「すべり台できたよー」と笑顔で言われたときには、怒るというより呆然としてしまい、どうしようかと思ってしまいました。』当時の悪戦苦闘がよくわかる報告に、みんな笑った。

しかし、この話は新人だけが覚えていたのではなかった。先輩の四歳児クラスの先生の資料にも、このことについて述べられている。「嬉しかったこと、かわいい姿」と見出しをつけたところに、このときのこととその後、子どもたちと交わした会話が載っている。

『四月、休憩から戻ってきたら、みんなが寝ている真ん中に、椅子と布団で作り上げたりっぱなすべり台ができている！　楽しそうに遊んでいる三人。あまりにびっくりして、たぶん私も怒らなかったと思う。六月下旬、園庭で遊んでいるときに突然始まった三人の会話。子「前さー、おふとんですべり台つくったよね」「つくった、つくった！」、私「あー、あったねえ。びっくりしたよ」、子「〇先生怒ったよ、ドア、バンって」「あと△先生も」、私「そうなんだ。◇先生（前述の新人さん）困ってたでしょ」、子「うん。でもさー、おとなはずるいもん」、私

「なんで?」、子「だってさー、お昼寝しないもん。おとなはずるいよ」……うーん、さすが。』

二か月以上も前のことを子どもたちが思い出しておしゃべりしていること自体が、子どもたちにとってもこの出来事が印象強いことだったことを表している。

友だちといっしょだったから、そして怒られるとわかっていたから、よけいにわくわくしたかもしれないそのときの気持ちを三人で思い出し、共有して楽しんでいることがわかる。

「よっぽど楽しかったんだねえ、二か月以上経っても思い出話になるって」と誰かが言った。「お昼寝のときだからよけいに楽しかったのかもしれない」と別の先生が言う。怒ったと言われている○先生は、「私、こんなふうに怒ったかなあ」と言っている。その場ではとんでもない、困ります! という出来事も、一年も経って振り返ると、まったくあの子たちってやってくれたねえ、といったまなざしで見ることができたりする。

一年間、かなりそのパワーに悩まされ続けた中堅の先生は、この四歳児クラスを持ち上がり、また一年担任をする。『その芽をつぶさず、一人ひとりのパワーをさらなる力に。……五歳児クラスも楽しみです。』と資料は結ばれている。

思いの伝え方

保育園の年長クラスの保育をみんなで勉強していて、何人かの子どものことが話題になった。そのうちの一人に、「私、運動会、休みます！」と宣言したという子どもがいた。これまでも、身体を動かすことや、また、まわりに見られているというような場面では「やらない」という子だったという。「どうして？」と聞く担任に、「だって、戸板は高くしても低くしても登って跳ばなくちゃならないからいや。リレーは疲れるし、転ぶからいや」とのこと。あまりにきっぱりとした「休みます！」の宣言にちょっとたじろいだけれど、担任の先生はクラスのみんなに話してみようということにした。

クラスでこの話をしたところ、何人もの子どもたちから、自分もリレーはいや、とか、すごくどきどきするからいや、とかいう声があがったのだそうだ。少なくとも三分の一か、それ以上の子がとても不安に思っているようだった、と担任の先生は言う。先生は、そんなにみんなが不安なら、リレーでなく、もっとみんなが楽しんでやれるものを考えてみたらどうだろう、と思い、子どもたちに提案した（ここで、年長クラスの担任として、リレーでなくてもよいと考えたとしたら、この先生はすごいなあと思う。子どもだけでなく、先生たちも年長として、毎年これはやるもの、とされている種目を変えるのは、なかなか勇気のいることだから）。そうしたら、いつもリレーをやるとき入ってこない一人の男の子が、自分はまだリレーをやっていないから、リレーをやめてほしくない、と言った。その子がやりたい思いと、なかなか踏み切れない思いとを抱えていつも見ていたのだ、ということが初めてわかった。

先生は、まず、バトンを次の人に渡していくのっておもしろい、と思えるように、エンドレスリレーをやってみる。走っては友だちにバトンタッチしていくが、ゴールは特になくて、ずうっと続けていられるリレーである。したがって勝ち負けがない。これはみんな好きになる。

このクラスはその後、二つのチームにわかれて何度もリレーをやってみながら、いろいろな子のさまざまな思いと出会い、簡単には走らないあの子もこの子もいっしょで、初めてクラスみんなの運動会だということを子どもたち自身が思うようになっていく。

〝休みます宣言〟をした子は、毎日がなかなか手ごわかったという。自分からやりたいといった氷鬼（鬼ごっこの一種）でも、先生と三、四人で始めたときはよいが、友だちがどんどん入ってくると先生におんぶを要求し、そのうちその場からいなくなってしまったり、午睡のとき、一番に担任の先生にトントンしてもらわないと怒ってしまったり、先生と友だちと砂あそびで山をつくっていて、自分が、山が噴火するのがいい、と言ったときに、友だちが、川をつくって水を流したい、と言っただけで先生に砂を投げつけてきて、いろいろ話そうとしてもずっと部屋に入らなかったり……。自分の保育に自信を失いかけたと担任の先生は話してくれた。でも、どうやら家ではへそを曲げることもできない事情があるということがわかってきて、先生は「大好きだよ！」とその子にメッセージを送り続けた。もちろん、園の先生たちみんなが協力した。秋も深まる頃、午睡で一番にトントンできなかったとき、先生がそばに行くと「やっぱり来てくれると思った」と穏やかに言われ、先生は涙がでそうになったという。

「運動会、休みます！」に込められた思いを汲もうと先生が奮闘したことをきっかけに、先生にも友だちにも認められる喜びを味わうことができて、この子にもやっと居場所が見つかった。保育ってすごい、保育者ってすごい、と汗をかきながらいっぱい話してくれるこの担任の先生に見とれてしまった。

七夕の願い

三歳のお子さんとお母さんの話。お母さんの了解をいただいて書かせていただく。

そのお母さんは六月、通っている保育園の園長先生から突然、巡回指導の先生に診てもらったところ、お子さんの行動で気になるところがあるので、一度、療育センターで診てもらったらどうか、と言われたという。驚くお母さんに、親の会もあるので相談することもできますよ、と園長先生は言ったそうだ。

その子の叔父にあたる若い男性保育士は、そのことを相談されて驚いた。よくいっしょに遊ぶその子について、発達に問題があると思ったことがなかったからだ。

いうことを聞かないことがあったり、言われたことがすぐに理解できないことがあっても、三歳だったら当たり前だと思っていたし、言葉もちゃんと話せるし、人間関係もしっかり結べているとう考えていたからである。

お母さんは大きなショックを受け、落ち込んだ。続けてきた仕事もやめて、この子につきっきりで〝適切な〟行動ができるように育てていかなくてはいけないのかとも思い詰めたようだ。そして、仕事はやめていないが、子どもに、先生のいうことを聞くように繰り返し注意するようになった。

七月のある日、お母さんとその子は買い物に出かけ、スーパーの中に七夕の笹に願い事を書いて短冊を自由に吊すようになっているコーナーに出会った。

「この折り紙に、お願いしたいことを書いてそこの笹に結んでおくと、お星様がお願い事をかなえてくれるんだって。○ちゃんもなにか書いてみる？　ママが書いてあげるから」とお母さんが言うと、その子は「先生のいうことがきけるようになりますようにって書いて」と言ったという。お母さんはハッとして、「お願いするのは、ほしいものでもいいんだよ、おもちゃとか」と言ってみたが、その子はやっぱり「先生のいうことがきけるようになりたい」と言う。それを短冊に書いて吊してあげながら、お母さんは、あのことを言われた日から、そのことばかりをわが子に言い聞かせてきたのだとあらためて思い知ったそうである。子どもは、お母さんの悩みと願いを全身で感じとり、大好きなお母さんの思いに応えようといっしょうけんめいだったのだろう。お母さんは、そのことを思い、胸が痛くなったという。

私はその子に関してのなんらかの判断についてはわからないし、何か言う立場にはない。保育園は保育園で、お母さんにお話をするまでに悩んだかもしれないし、いまも悩んでいるかもしれない。

でも、保育園は、この親子の毎日が、その話をしたときを境に一変してしまったことと向き合っていかなくてはならないことは確かだろう。

七夕の願い事の一件のあと、お母さんは、その子の叔父さんである男性保育士の支えもあって、子どもが毎日楽しく、生きいきと生活できるようにすることがなにより大切と考え、いまは少しゆっくり様子をみていこうと思えるようになっているという。

ルール

何人かの保育士さんたちと話していたとき、保育園生活での約束ごとが話題になった。たとえば夕方、いわゆる「延長保育」にどのように入っていくのか、集まりをどうしているのか、思った以上に園によって異なっていて、みんなお互いにびっくりした。ある園では夕方、四時四五分に遊んでいるクラスの子どもたちを呼び集めて点呼をとり、お迎えについて子どもと確認をして、クラス担任は延長保育の先生に引き継いでいる。別の園では、年長さんが点呼のリーダーになって、三・四・五歳児たちを集めて並ばせ、名前を呼んで確認する会を毎日夕方しているという。そうかと思えば、そうしたことはせずに、保育士が遊んでいる子どもたちの間をまわって名前をチェックしているところもある。さらに、そこでのチェックはとくにしない園もある。

また、三輪車の使い方でもけっこう違いがあった。ある園では三輪車の立ち乗りはしてはいけないことになっている。また、逆さまにして手でペダルを回して「かき氷やさん」などもやってはいけないところと、やってもよいところがある。さらに、うしろに箱をつけて引きずったり、縄を結んで引っぱったりすることも、いけない園とやってもよい園とがある。いけないとしている理由はほとんどが危ないからである。そのほか、園庭の固定遊具の使い方や水の使い方、廊下を走らない、ロッカーに登らないなど、じつにたくさんの約束があった。

多くの園では、園庭の太鼓橋や雲梯の下に、落ちても怪我をしないようにマットレスや古い布団などを敷いているが、ある園の中堅の先生が、園庭でその布団にもぐって土だらけになって子どもたちがおうちごっこを楽しんでいると話しながら、自分の園の約束の紙をみたら、そういうことはしてはいけないと書いてあって、本人も苦笑いするくらい、先生も覚えきれないほどのルールが細かく決まっている様子がうかがわれた。

これらの細かい約束を聞いていると、子どもたちのやりたいことが浮かび上がってくる。そして、それはどこの園でも共通していて、子どもの遊びたい気持ちはいっしょなのかな、だからルールをつくらないといけなくなるのかな、と考えながら聞いた。あるベテランの先生が、子どもにほんとうに守ってほしいと思うことは、子どもたちと相談していっしょに決めないと、子どもたちにとって必要で大事なルールにはならないのじゃないかしら？ と言った。

私はある園で聞いた、五歳児のルール決めの話を思い出した。その担任の先生が話してくださったのだが、ブランコをどのくらい乗ったら友だちと替わるかを話し合ったときのことである。ある子が一〇数えたら替わるのがいいと言った。それじゃ少なすぎる、の声。別の子が二〇秒と言った。それじゃあ長すぎる、の声。なかなか決まらない。ジャンケンをしたら二〇秒の子が勝ったらしいが、それでも決まらず、間をとって、ということでなぜか一三数えることになったそうだ。それも、ゆっくり数える、ということで子どもたちはみんな納得したという。担任の先生は、途中で口を出すべきか（ジャンケンに勝ったほうの意見にも決まらず、間を取ったらなぜ一三なのかもわからず）葛藤したらしいが、終わりまで口を出さずに見守った。

この話には後日談があって、子どもたちは「ゆっくり一三数えたら替わる」を実践しはじめたという。そしてなんと、目の前で数えられていたら楽しくない、という話になり、ある程度乗ったら友だちと替わろう、というものにもどったのだそうだ。

同じ方法に落ち着いた、といってもそれは同じではない。みんなで話し合ってみんなで決めたプロセスが子どもたちのなかに育てたものは想像以上に大きいと思うと、そのクラスのその後がさらに楽しみである。

心の蓋

お母さんを休みます

先日、子育て中のお母さんたち六、七人と輪になって話していたときのことである。ひとりのお母さんが、「……今はしかたないと思っているから、毎日子どもたちの世話をして、掃除、洗濯をしてご飯つくって……とやっているけれど、けっこうしんどいと思っている。朝起きたときに、もうイヤだなあ、今日もやるのか、とたまらなくイヤになるときがあるの。そんなことありませんか？　そういうとき、どうしたらいいのかしら？」と言った。三歳と一歳の男の子のいるお母さんだった。

誰もが、それは、くたびれていやになるときもあるよね、と口々に言った。そのうち、三人目のお子さんが一歳三か月で、一番上は小学一年生、というお母さんがこんなことを言った。

「今は、真ん中の子が幼稚園に入って、一番下の子だけだから連れて出かけるのもずいぶん楽になったけど、ちょっと前まではいつも二人がくっついているのでほんとうに大変だった。ときどきなにもかもうんざりしていやになる。そういうときは、時間を決めて、その時間までは何もしないことにするの」

「え？　どういうこと？」

意味を汲みきれずに聞き返すと、

「だからね、朝起きるのもいやって思ったときは、今日は午後二時までは何もしないって自分で決める。そして、子どもたちがどんなに泣いてもおむつも替えないし、食事もあげない。掃除も洗濯もしない。まとわりついてきても二時まではお母さんを休みますって感じで、無視する。起きないで、寝ていたり、テレビやビデオなんか見ていたりするの。それで、二時になったら、子どもの世話や家事をはじめるの。おむつ替えて、なにか食べさせて、片付けたり洗濯したり……」

みんな、ちょっとびっくりして聞いていた。

「朝から二時まで子どもたち、なんにも食べないの？」

誰かが恐る恐るといった感じで聞いた。

「そう。だから、すごくおなか空いちゃってるけど」

「やっぱりそうするしかないかしらね」

と、最初にこの話題をだしたお母さんが言った。私はあわてた。

「夫さんがお休みのとき、子どもをみててもらうとか、実家に預けるとか、お金はかかるけど子どもをみてくれるところとかないの？　いやになったときってきっと身も心も疲れてるから、ちゃんと誰かに子どもをみてもらえば、もっと思いきりのんびりできるのじゃないかしら？」

何時まではお母さんを休みます、ということが、直接子どもを放置することになる（この話からはそうとしか思えない）。この方法の怖さにどう気づいてもらえばよいのかわからなかった。この状態でほんとうに休むことができるのだろうか？　休むためには、自分を子どもから閉じてしまわなくてはならず、それは、子どもがどうなるのか、という判断をもシャットアウトしてしまうことになるのではないか？

全部自分で抱えるしかないと思ったとき、私たちは、自分が窒息しないための方策を考え出す。そんなとき、判断の軸が知らず知らずずれていくのに気づくことは一人では難しい。

この親子たちが、出かけてきてこうして語り合っていることが、わずかでも歯止めになることを願い、私には、「来月、きっとまた来てね」と言うことしかできなかった。

いじめられる側もいけない？

あるお母さんから相談を受けた。中学一年生の男の子が、学校に行けなくなってしまったというのである。私は、その時期の子どものことやその時期の教育を専門に勉強しているわけではないので、ただ、そのお母さんの話を聞くことしかできなかった。

涙ながらに話してくれた内容から、そのお子さんが、初めは友だちとのちょっとしたトラブルだったらしいが、それをきっかけに、いつのまにかクラスのほとんどの子から仲間はずれにされるようになってしまった、ということがわかった。

お母さんが先生方と話をしたけれど、親が先生に言いつけたといってまたいじめられ、怖くて学校に行かれなくなってしまったこと、その後、中心的な子どもたちに先生があやまらせ、学校としては解決したと言っているが、子どもたちの関係はちっとも解決していないことを話してくれた。

そして、そのお母さんをもっともつらくさせたのは、繰り返し学校の先生たちに話にいくお母さんに、校長先生からも担任の先生からも、「本人が、はっきりいやだと言えない弱さも、このことを長引かせている、お母さんがすこし過保護なのではないか」、と言われてしまったことであった。

うちの子がこんなにつらい思いをしているのに、それが子ども本人が弱いせいであり、そのように育てた母親のせいでもある、と先生に言われてしまっては、もうどこを頼っていいかわからないと、そのお母さんは涙をこぼした。

実は、そういう思いで、卒園した保育園の園長先生に相談しにきて、園長先生の紹介で私が話を聞くことになったのである。隣で、その園長先生も涙を拭いている。

「いじめられるほうにも原因がある」ということばを聞いて、二〇年以上もまえの、わが子の四歳児クラスの話を思い出した。

そのクラスでは、身体の大きな力の強い子が、そのころ流行っていた「〇〇キック」を友だちにしてしまうことが問題になっていた。そして、ある日、自分のいうことを聞く何人かの子どもに、背は高いがとてもおとなしい男の子を押さえさせ、そのキックをやってしまった。大きなけがとかにはいたらなかったが、保育園としても見過ごせないということで、クラス保護者会を開いた。キックをしている子のお母さんは、「上の子を、他人に手をあげてはいけないと言い聞かせて育てたら、やられてもやり返せない子になってしまった。この子には、女の子にはやっちゃいけないと言い聞かせているけれど、男同士は戦うものだと教育している」と言った。いろいろ話が進むなか、保育者が、「やられるほうも、それはいやだとか、自分の意志をはっきり言えるようにならないとね」と言った。

そのときだった。やられた男の子のお母さんが、大きな声で、「先生、それはおかしい」と言った。「子どもたち同士、育つなかにはたしかにいろいろある。でも、いやなことや、痛いことをされても、それはされた子がおとなしいからいけないなんて、おとなが言っていてどうするんですか⁉　抵抗できない相手にはそういうことをしてもいいと子どもに教えていると同じですよ。たしかにうちの子ははっきりものを言うのが苦手かもしれない。でも、うちの子は何も悪いことをしていません。クラスの友だちを、仲間として大事にするような保育をどうかしてください！」。その場にいた誰もがはっとした瞬間だった。

いま、その中学校に行って、そっくり同じ言葉をおとなたちみんなに言いたい。いじめている側の子どもたちにとっても、それは大事なことだから。

子育ての楽しみ方

子育てが楽しくてたまらない、というお母さんに出会った。いろいろな機会にさまざまなお母さんと出会うが、「楽しくてしかたがない」と自分で言う人はそう多くない。ただただ感心していると、「〝子どもっておもしろい〟って思う、分かれ目みたいな出来事があったんです」と言う。「どんなこと？」

今一〇歳になるお子さんが一歳三、四か月の頃、食卓の椅子に座ると、コップの水を自分の膝にむけてジャーッとこぼすようになったのだそうだ。いくら叱ってもまたやる。そんな毎日が続いて、この時期は言い聞かせてもわからないから、手をぴしゃっと叩かなくてはとまらないかな、と思ったという。でもそのとき、叩くにしろ、叩かないにしろ、どうしてそんなことをするのか、この際よく観察してみよう、と思い、よく見ていたら、ジャーっとこぼしては、膝から下に水がジワーッとズボンにしみこんでいく様子をジーッと見つめていたのだそうだ。

「この子は、それが不思議で、興味を持って、それで何度も何度も試しているのか、とわかった気がしたんです。そう思ったら、叩くとかいった気持ちはなくなって、子どもに、お水ジャーッてこぼすと、濡れてきて気持ち悪いね、だからやめようね、と話しかけていました」

「そうしたらしなくなった？」

「翌日も水をわざとこぼしたので、やっぱりだめか、と思ったけれど、ズボンが濡れていくのを見ながら、〝おみず、こぼれた、きもちわるい〟ってしゃべったんです。まだママとか、パパとかしか言わないと思っていた頃だったので、急にしゃべったのにもほんとうにびっくりしました。そして、子どもって、いっぱい試して実験してたくさん学んでいるんだ、と実感しました」

そのときから、子どもがすることをよく見てみよう、と心から思えるようになって、そうしたら、子どもとの毎日が楽しくなったのだ、という。

たとえば駅の階段の下で動かなくなったときも、同じ目線になるようにしゃがんでみると、たくさんの人の足が行き来しているさまに圧倒された、という発見があった。

このお母さんも初めから楽しいだけではなかったようである。四か月くらいで保健センターの講座に行ったが、わが子だけがあまりにも泣くので、呼び出されてずっとあやしていて、結局講座が受けられなかった。なんで同じ月齢の他の子は大丈夫で、わが子だけがスタッフもお手上げなほどに泣くのか、なさけなくて悲しかったという。その後、別の機会に、やっぱり預けて大泣きされたときに、そこの人が「お母さんのことをよくわかっているのね」と言ってくれて、「そうか」と安心したこともあった。

「でも、どうして、水を繰り返しこぼしたとき、怒ったり、手を叩いたりしないで、よく見てみようって思えたのかしら?」と私が聞くと、そのお母さんは、子どもの行動で何の理由もない行動はない、というのを以前どこかで聞いて、なるほどと思ったことがあり、その瞬間にふとそのことばを思いだしたのだということだった。

「よく見て、叩かないでよかったって思えたんです。おとなの思うようにならないとき、有無を言わせずにいうことを聞かせようとするのはもったいないと思うんです。子どもが何をどんなふうに感じたりしているのか、知るチャンスがなくなるから。でも、まわりからは〝そううまくはいかないよ、子どもって〟と言われています」

これからは、また違ってたいへんになるかもしれないけどね、と笑うお母さんが、ちょっとまぶしかった。

子育ての苦労は子育てにあらず⁉

私が大切に思っている埼玉のＮＰＯ法人「彩の子ネットワーク」から調査報告書が届いた。この団体は、母親自身が、子育ての悩みや思いから出発して、お互いに語り合い、聞き合って、まわりの人との関係や自分自身について、また社会についてたくさんのことを発見し、深めていこうと地道に活動を続けている。子育て広場、サロンも自分たちで運営している。

今回の調査も、「横並び型アクションリサーチ（私はこう思うけど、あなたは？）から見えてきた現代社会」というサブタイトルがついている。そして、メインのタイトルが「子育ての苦労は子育てにあらず⁉　母親たちが気づいた深イイこと」とあった。このタイトル自体についての説明はなく、なかを見ながら考えた。二三一二人の回答を分析しているのだが、読みとるのはたいへんそうなので、やり終えての話し合いから読んでみた。

そのなかで、〝子育てはたいへん！〟と髪振り乱していた我々（団塊）世代に対して、〝そうはなりたくない、もっと楽しく子育て生活をしたい、ママ友だちをつくり、小ぎれいにうまく暮らしたい〟と思っている若い子育て世代が、じつは「楽しい子育て」に縛られ、そのように見えるかどうかに気を遣っていたり、実際にはイライラして子どもに手をあげたりしている状況が出されていた。

また、それでもあとで抱きしめれば愛情は子どもに伝わるからそれでよい、と思っていたり、人間関係でも本音が言えず、自分ががまんすればうまくいく、と思っていたりすることについて話し合われていた。そしてそれが、現代の子育てのたいへんさなのではないか、とも話している。

すごい深め合いをしているなあ、と圧倒されながら、そうやってていねいに気持ちをひも解いていくと、ほんとうは、子育てそのもの、子どもを育てる営みそのものが苦しいのではなく、まわりのまなざしや、〝こうありたい〟、または〝こう見られたい（だけど、そうできない、も含めて）〟という自分のまわりとの関係が自分を苦しくさせているということなのかもしれない、とこの人たちは気づいて、そのことが言いたくてこのようなタイトルをつけたのだろうか、と思い至った。

このところ、いくつかの保育の学習会で、一歳や二歳の子どもが「やだ！」「自分で！」と言ったり、自分でできることでも「やってー」と新人や若い保育士さんに言ってくることについて、いつまでも待てないことを子どもにわからせたり、自分でできることはやってあげるのではなく、励まして自分でできた達成感を味わえるようにするべき、という声が聞かれる。

子どもは、こちらの先生にはいろいろ言って困らせているのだけれど、あっちの先生には言わない。そして、さっさと自分でやる。若い先生たちは、ベテランの先生たちの、〝あなたがそれらを許しているから子どもはいうことをきかないのよ〟という視線やオーラを感じて焦って、子どもを受け入れられなくなってしまうという。

子どものことで悩んでいると思っていたけれど、ゆっくり話し合っていくと、子どもの姿ではなく、おとなの関係の苦しさだったりすることが見えてくる。同じだな、と感じた。

「大丈夫!」が心に届くとき

ある育児講座で知り合ったお母さんで、二歳の坊やがあちこち探索に歩き回ろうとすると、いっしょうけんめい腕をつかんだり抱き留めたりして引き戻しておられる方がいた。とくに、そこのスタッフの方が絵本を読んでくれるときなど、膝に座らせておこうとするお母さんと、そこから降りて探索をしようとするお子さんとが無言のたたかいのようになっていた。

私は気になり、そろそろと側によって、「あそびたいものが見つかったら動いても大丈夫ですよ」と小さい声でお母さんに話したが、お母さんは黙って子どもを捕まえ続けていた。

そして、自由に遊べる時間がくると、わが子を目で追いながら、「ほかの子ができていることはちゃんとやれるようになってほしい」と言った。「でも、年齢的にも探索したいものがいっぱいあって、触ってみたいと思うのは当然なので、できるだけこのように安全なところではたっぷりといろいろなものに触れたりするのは悪くないと思いますよ」と私。お母さんは、表情を変えず、「それに、思いやりも持ってほしいんです。お友だちのものをとってしまったりしてほしくない……」「それは、いますぐに要求するのは無理ですよ。だってまだ小さいし……」、私はいつのまにか説得口調になっていた。

なんとなくもう言われたくない、という感じだなあと思ったが遅かったかもしれない。あいかわらずわが子をつかまえては言い聞かせているお母さんを少し離れて見つめながら、私のしたことはお母さんを否定したことで、お母さんはそれを感じてよけいつらい気持ちになっているかもしれないとやっと思い至った。私はちょっとめげてうなだれた。

そうしているうちに、ほかのお母さんが、「自分は、子どもを持つ前は、虐待は自分とは別の世界だと思っていたけれど、わが子と一日中ぴったりくっついていると、衝動的に自分も何かするかもしれない、と思う瞬間がある、まわりから今だけなんだから、早く引き離そうとしないほうがいい、と言われるとそうなんだろうとは思うけれど、毎日毎日だと、ちょっとは自分の時間がほしい」と話し出した。別のお母さんが、「子どもが眠ったら、まず紅茶を入れて、甘い物を出してひと息つこうと決めている」といった。まず家事を済ませて、と思っていると、終わってお茶を入れているところで子どもが泣いて起きてしまい、ティータイムが飛んでいってしまうから……。

いつのまにか、さっきのお母さんが聞いていて、「自分は新聞を見たりしたいときは、子どもをひとり部屋に入れて鍵をかけてしまうことがある」と話し始めた。そして、「そんなことをしている私のせいで、人の話が聞けず、あんなに勝手に歩き回るようになったのかしら」と言った。

わが子がじっとしていないで歩き出すたびに、お母さんは自分のせいかもしれない、と胸をいため、自分でそれをなんとかしなくては、とわが子を必死に引きとめ、言い聞かせ続けていたのだ。ほかのお母さんたちの「自分もほんとうに同じ気持ちになることがある。だからわかるよ」、というメッセージが心に届いたから、自分の一番気にしていたことが言えたのではないだろうか。初めてそのお母さんは笑顔をみせた。

一般論で「わかる」「大丈夫」ということは、当事者にとってはなんの足しにもならない、と思い知らされた出来事だった。

それぞれの人を支えるもの

今年も全国保育団体合同研究集会（略して合研）が八月の初めに行われた。今年は合研始まって以来、初めて、東京が開催地となった。東京の方たちは暑さのなか、大奮闘だったと思う。三日間で予想を超える一万二〇〇〇人以上の人たちが集まって大成功の集会だった。

一日目、有明コロシアムで行われた全体の集会で、尼崎市から来た一人のお母さんが、子どもの大好きな保育園を守るために、という一途な思いで一生懸命保育園の民営化に反対する運動に入っていったことを話してくださった。裁判まですることになって、きっとはじめは自分でもびっくりしたのではないかしら、と思いながら聞いていると、その方が、子どもがいるからがんばれる、理不尽なことを「はい、わかりました」と引き下がる親の背中をわが子に見せてはいけない、と思って踏み切ったと発言されたのである。一万人の会場がその心意気に感じてどよめいた。

私も感動し、そのお母さんのあまりの凛々しさに圧倒された。運動の一番中心のところには、多分、こうした一人ひとりの大切な決意や思いがあって、それはそれぞれ違っていても、困難に負けそうになったときにその人を後ろから支えているのだろう。最近いろいろと折り合いをつけることばかり自分がしているようで、私としてはなんだか後ろめたい気持ちにもなった。


何日かあと、ある保育園で、園長先生と話をしていたら、こんなことを聞いた。

若い保育士さんが、個人面談で、「担任しているクラスに、持ってきてほしいものは持ってこないし、子どもにもう少し手をかけてほしいと思うのだけれど話しかけづらい、暗い顔をしているお母さんがいて、その人と話すのが苦手でどうしたらよいか」と園長先生に相談してきた。

園長先生は、こちらからの注文は一切つけずにとにかく話を聞いてみよう、と若い先生を励ましたという。そうしたら、いつも保育者を避けていたようなそのお母さんは、若い担任にいろいろ苦しい状況を話し、泣いたそうである。

若い先生は、園長先生に報告に来て、若くて、結婚もしていないし、子どももいない自分にいろいろ話してくれたこと、涙を見せてくれたことに感激していたという。あなたが、ちゃんと話を聞こうとしたから、気持ちが伝わったんだよね、信頼関係の第一歩になって子どもにもお母さんにも、そしてあなたにもよかったね、と若い先生に言ってあげたという。

そしてその園長先生は、まだ保育士だった頃のことを話してくださった。ちょっと苦手な、いつも暗い顔をしているお母さんがいて、ある朝、あまりにもお母さんが思いつめた感じだったので、思い切って、「お母さん、元気でいってらっしゃい!」と後ろから、肩に手をかけてぽんとたたいたのだそうである。そのお母さんはそのまま出かけていき、その子は何年かして卒園していって、そんなことも忘れていた。

八、九年後、偶然そのお母さんに再会した。見違えるように元気のよい人になっていて、そして、そのお母さんが言ったのだそうだ。「あのとき、先生が肩を手でぽんとたたいてくれたから、私は、なんとかやってこられたの。あの朝、それがなかったら、私はどうなっていたかわからない」。事情は何も、当時も話してはくれなかったからわからなかったけれど、そして、感謝のことばもすぐにはなかったけれど、それ以来、親と気持ちが通じないと思うとき、必ずこのことを思い出すのだそうである。そして、逃げないでやっていれば、必ずどこかで通じる、と自分に言い聞かせているという。

仲間になる道のり

子育ての悩みなどを語り合う会に参加した。そこには保育園に子どもを通わせているお母さんたちがたくさんいた。

今年度、初めて保育園の父母会の会長になったお母さんとその役員仲間のお母さんたちが、お互いに遅くなるときにはお迎えを頼んだり、父母会の役員会のときは一人の家に集まって晩ご飯も食べ、終わるまでそこで遊んだりしていることを話してくれた。大変なことも多いけれど、子育てのこともいろいろ教えてもらえるし、なにしろ急にお迎えが遅くなるようなときにはほんとうに助かる、とそのメンバーが口を揃えて言った。

私はその話を聞いて、昔の自分を思い出していた。わが子を産休明けからお願いした団地の無認可共同保育所で知り合った人たち、そして、その後、一歳で入園した保育園の役員になったことで何人もの人たちと知り合えてどれだけ助けてもらったか。また、どれだけ楽しい思いをしたか、数えきれない。時代は変わっても、保育園を通じて子育て仲間はできるのだ。そして私も味わった、あの仲間のなかでの子育ての醍醐味は、いまでも変わらず見いだせるのだ、と感慨にふけっていた。

すると、一人のお母さんが発言した。「私も保育園に子どもを入園させましたけれど、友だちはできません。昨年引っ越してきたばかりで、前にいた幼稚園ではお友だちもできたのですけれど、こちらに来てからはみなさんお仕事で忙しそうで、すれ違うばかりです」。同じ市内の別の保育園のお母さんだった。

先ほどのお母さんたちが、「父母会の役員になるとよいのでは?」と言った。そのお母さんは、「そう思って役員になったんですけれど、役員会も話し合いが終わると、夜だし、サッと散ってしまうので、おしゃべりなどの機会がない」と言った。雰囲気がシュンとなり、そのお母さんはうっすら涙を浮かべていた。

するとさっきまでにぎやかに話していた父母会長のお母さんが、「去年まで、自分もそんな気持ちで保育園に子どもを送り迎えしていた」と話し始めた。「他の人たちは仲良しのグループができているみたいで、自分はとてもそこには近寄れない。そして、おばあちゃんたちからは、こんなに小さい子を預けて働くなんて子どもがかわいそうと言われて、自分でも、子どもに申し訳なく、仕事を続けていいのか迷っていた」のだそうである。

「えーっ、そんな話知らなかった」と仲間のお母さんたち。

それで、「会長になってくれないか」と言われたとき、これだけお世話になっている保育園のために力を尽くすことで、子どもにも少しは申し訳が立つのでは、と考えて引き受けたのだという。そして気がついたら、このような仲間ができていた、と。

さっきのお母さんに「保育園の先生と役員として話す機会はないの？」と聞くと、それもほとんどないという。会長さんの園は、このときも保育士さんが何人も一緒に参加していた。保護者同士も父母会とも結びつく、といった園の姿勢もおそらく関係しているのだろうと思われた。

「きっと、あせらなくても仲間はできるから、元気出してね」と会長さんがそのお母さんに言った。「市内の保護者連絡会の会議がもうすぐあるので、それに出てきてね。お宅の園から来てないので、出てくれると助かる」と別の役員のお母さんが言った。

「園は違っても、私たち、確かに知り合ったじゃない、ここで」「メール、教えて」との声に涙ぐんだまま、そのお母さんは微笑んだ。

心の蓋

ある保育園の先生が語ってくれた話である。

ある日、いつもよりその子のお迎えが早かった。子どもは迎えにきたお母さんを見つけて走って行った。担任の先生が、うれしそうなその子の様子に、「○ちゃん、よかったね、早いお迎えで」と声をかけた。

翌朝、その子の連絡帳に、何ページもびっしりとお母さんの怒りの声が書かれていた。

ノートには、「先生は、いつも私のお迎えが遅くて子どもがかわいそうに、と思っているのだろうが、私だって好きで遅く迎えに行っているわけではない。できれば早く迎えに行ってあげたいと思いながら、これでもいつもとるものもとりあえず、息せき切ってお迎えに行っているのだ。お迎えがいつも遅いうちの子はたしかにかわいそうかもしれないが、あからさまに今日は早くてよかったね、などと子どもに向かって当てつけのように言わなくても……」といったことがずっと書かれていたという。

ベテランのその担任の先生は、予想もしていなかったことに衝撃を受けて保育もできないくらいに落ち込んでしまった。もちろん、その先生がそんなつもりで言ったのでないのはわかっている。自分だって、早くお迎えがきたときにはよく子どもに同じような言葉をかけているし、それでもそんなことを言われたことはこれまでなかったと、私に話してくれた同僚の先生が言った。

私は以前、ここにも書いたかもしれないが、似たような例を思い出した。そのお母さんはパートで働いていたので、今回のお母さんとは反対に、毎日早くお迎えに来ていた。その日も早くお迎えに来たお母さんに、担任の先生が「早いお迎えだと、夕ご飯もお風呂もゆっくりできて、○ちゃんにもいいですね」と言った一言が、お母さんの怒りをかってしまった。翌朝の連絡帳に、「自分も以前はバリバリ働いていたけれど、結婚して引っ越したため、それまでの仕事を辞めざるをえなかったこと、パートをちょっとやっていてのんびりできていい、なんて思われたくない、ほんとうは、いまのパートよりももっとしっかり仕事をしたいこと、悔しい」といったようなことがノートいっぱいに書かれていた。

このときは、やはりそんなつもりはなくてショックを受けた大ベテランの先生が、まわりの先生たちの力も借りてお母さんと向き合い、知らずに傷つけてしまったことをあやまったことから、ノートに書いたことでやはり気にしていたそのお母さんからたくさんの思いを聞くことができて、つらいけれど、貴重な経験になったのだった。

誰でも思うようにいかないことがあっても、普段は気持ちに蓋をして暮らしている。こんなはずではなかったという思いを持つ人、こうありたいと願う自分と現実とのギャップに歯がゆい思いをしている人はたくさんいるだろう。とくに、まじめに生きていても願うようにはなかなかいかないこの社会のなかで、子育てを始めたお母さんたちのなかに、どこでも認められていないというつらい実感を抱いている人たちは多いのかもしれない。

味方になってくれそうな保育園の先生が相手だったから、お母さんの心の蓋があいてしまったのではないだろうか。思わず本音をぶつけてしまったお母さんたちはきっとそれを気にしている。二度とあかないかもしれない蓋が閉まってしまう前に、冒頭のお母さんと先生も向き合えることを願う。

がんばる素

なめられる

この四月に就職したばかりで、初々しい乳児院の新人保育士さんと話をした。

「子どもはかわいいいんですけど……」と言うので、「先輩の方たちが厳しいの？」と思わず聞いてしまった。予想に反して、「みんなやさしくて親切なんですけど……」という答えである。また、「けど……」がついた。「けど、なんなの？」

せっかちだなあ、と自分でもちょっといやになるやり取りの末に聞き出したのは次のようなことだった。

四月に初めて担当のグループに配属されて保育に入ったとき、同じグループの先輩が、いけないことをした一歳児に向き合って、両手をしっかりつかんで「こっちをちゃんとみてごらん！」と真剣な顔で言い聞かせていたのを見て、その迫力に圧倒され、子どもがちょっとかわいそうだなと思ったという。

このような叱り方は、一般的によくみられるものであるが、きっとなかなかの迫力だったのだろう。彼女は、自分はできればあのようには子どもたちにしたくない、とそのとき思ったのだそうである。

でも、その八人ほどの一、二歳児たちとの生活が始まってみると、生活の一こまひとこまが自分だと成り立たない。ほかの先輩保育士さんたちだと、ごはんのときもちゃんと座って食べるし、おむつもおとなしく替えてもらうし、着替えもスムーズ、布団にもさっさとはいる、となるのだが、自分がやるとまったく言うことをきかず、てんやわんやになる。先輩たちと一緒に保育していても、ほかの保育士さんがこっちを見ていないのを確認してから彼女の前でわざとこぼしたり、いたずらをするのだそうだ。

その乳児院は、調理室からも子どもたちの生活している様がよく見えるつくりになっているそうだが、あまりのてんてこ舞いの様子に、調理をしているベテランの調理士さんに、叱るときは、しっかり叱らないとなめられるよ、と言われてしまった。そして毎日、気がつくと、なめられちゃいけない、とそればかり思うようになって、二か月足らずで、あのとき、自分はやるまいと思っていた叱り方をまねている自分になっていたという。

「ほかの職員の方たちの目がやっぱり気になって、自分でもちゃんと子どもたちを静かにさせられるんだと、いいところを見せたい気持ちでいっぱいになってしまう。でもまだぜんぜんだめなんですけどね」、と言いながら、つい最近あった夜勤のときのことを話してくれた。

夜勤のときはそのグループを一人でみるらしい。そして、朝、日勤の職員に引き継ぐのだが、その際、なんとか今日こそ、みんなが静かにあそびに集中しているところを日勤の先生に見てもらおうと彼女ははりきった。そして、絵本を読んであげたら全員が集中してよく聞いてくれた。ところが、交代まであと二分というところで、その本は読み終わってしまった。「じゃ、もうひとつ読もうね」との彼女の声に、子どもたちがてんでにあの本がいい、いやこっちがいいと言い出して、あっという間にいくつものけんかが起こり、なんと八人全員が泣き出して、二分後に入ってきた先輩にあきれられてしまったのだそうである。

「惜しかったなあ、ほんとに二分前までは静かでみんなよく集中してくれてたんですよ」と重ねて言う彼女のことも、子どもたちもなんともかわいくてほほえましかった。そして、なめられまい、と無理しなくても大丈夫、きっと子どもたちは彼女が大好きに違いない、と思った。

新人先生

ある保育園の〇歳児クラスに配属された新卒一年目の保育士さんとひなちゃんとの奮闘ぶりが、保育の話し合いで出された。

途中入園のひなちゃんは、新人の彼女を慕い、抱っこを要求し、一度抱っこすると離れられない。新人先生は、好きなあそびを探そうと、抱っこのまま園庭に出てみると、ひなちゃんは園庭では抱っこから降りて子どもたちのなかで、泥だらけになりながら遊んだ。室内では決して抱っこから降りようとしなかったので、園庭のあそびが好きなんだとわかって、毎日園庭に出ては遊んだ。時折、思い出したように彼女を求めて泣いても、抱っこするとすぐに落ち着き、自分から降りて友だちの泥んこあそびに混じっていく。

こう書くと、ひなちゃんがスムーズに園に慣れていったように見えるが、その保育資料には、彼女がひなちゃんとのかかわりで困ったことが書かれていた。

ひなちゃんが自分を慕ってくることはわかっていたし、担任同士では、それは受けとめてあげようね、と合意していたのだが、自分が立ち上がっただけで泣いてしがみついてくるのである。そのときの様子を彼女は資料にこんなふうに書いている。了解を得て紹介する。

『自分のなかでは、どんなときでも受けとめていこうと思っていたのですが、心のなかでは〝まだ片づけをしていない〟〝次は○○をしなきゃ〟と焦っている自分がいました。ひなちゃんが遊んでいて気づいてない間に……と、部屋を出て行こうとしてもドアの音にパッと気づき追いかけてくることもありました。それでもパーっと走って逃げてしまうことが正直、何度かありました。帰ってくると泣きながらしがみついてくるひなちゃんをみて、〝(自分は)何やってるんだろう〟と反省したこともありました。どうしてもひなちゃんを連れて行けないときがあったとしても、逃げるのではなく「ちゃんと帰ってくるからね」「待っててね」としっかり伝えることをしなかった自分に気づいたときはとても後悔しました。

仕事もしなければいけないけれど、ひなちゃんにも向き合いたい、と何となく自分のなかでモヤモヤしていたある日、私が雑(雑用)の週で、ご飯後の掃除をしなければいけないのにひなちゃんが離れられず、〝どうしよう。時間がどんどんたっちゃうよ〟とまた焦っている自分がいました。すると、先輩の先生が「ひなちゃん、離れられないのか」と雑の仕事をやってくれました。そのとき、私は何を一人で悩んでいるんだろう、と反省しました。保育は一人でやっているわけではなくてみんなでしているものなんだ、自分がどうしてもできないときは助けを求めればいいんだと気づきました。そして、今までは自分の仕事で精一杯だったけれど、私も周りをよく見てフォローできるような保育者になりたいし、ほかの先生たちとも助け合えるような関係でありたいと強く思いました。（中略）中途半端な気持ちで保育することが一番子どもたちに対して失礼なことだなと思いました。悩んだり、つまづいたりしたときこそ、話し合いをして楽しい保育をしていきたいと思います。』

そして、『このクラスはおとなが楽しんで保育をしていたなあと思います。』と振り返り、『たくさん話し合ってたくさん悩みながらまた一年楽しい保育をしていきたいです‼』と資料の最後に書いている。

どこの保育園でも、とくに新人さんや若い保育者が必ずといっていいほど悩むことでありながら、このことが、新人の口からこんなふうに語られる保育園は珍しいかもしれない。この初々しい新人さんにも、クラスの先輩保育者にも、そしてこうした資料を新人に書いてもらえる保育園にも敬意を表したい。

揺らぐことのできる力

一〇年くらいの経験のある保育士さんが、いま、クラスの子どものことで悩んでいる、と言った。とくに「手を焼く」その子は友だちがいやがることを次々としたり、集まりのときに来なかったり、先生に悪態をついたりする。

その先生には、その子がどうしてそんなふうに振る舞うのかわかっている。そうせずにはいられないその子の気持ちをできるだけ受けとめようとがんばっている。しかしそうした先生の努力に挑戦するかのように、次々とクラスの活動の妨げになるようなことをして、先生は注意せざるをえなくなり、注意されるとますますいろいろやり始める。先生の注意する声音はだんだん厳しくなり、それにつれて子どもの行動はさらに激しくなり……悪循環とその先生は言う。自分がこんなに子どもに対して怒ってばっかりになるとは思わなかった、と自分に腹を立てている。でも、どうすればいいの？　注意せずに済むとは思えないことを次から次へとやるその子を目の前にして、この子を受けとめるってどうすることなのか、現実にはわからなくなるそうだ。

また、ある四年目の保育士さんは、家から持ってきたおもちゃは自分のかばんのなかに入れてロッカーに置いておいてね、と約束したのに、取り出して遊んでは友だちと取り合いになり、「約束が守れないのなら先生が預かっておきます！」と言って子どもから取り上げ、大泣きの騒動になってしまうという。そのたびに自分のやり方に悩む。

そう言えば、何年も前にこのページに登場した年長の男の子で、とても荒々しくなってしまうことで保育園のみんなで悩んでいた子もいた。お母さんがその子を受け入れられずに悩んでいたことから、どうしてそのような行動が出てくるのか、わかっているつもりだった。なんとか、あなたの気持ちをわかってあげたいおとながいる、抱きしめてあげたいおとながいる、ということが伝わるようにかかわろう、とみんなで努力していた。

でも給食のとき、味噌汁をよそってもらうのに並んでいた三歳児を突き飛ばすようにして横入りをしたその子を、そのままよしとするわけにはいかない。「いま○ちゃんによそっているからうしろに並んでね」と言ったとたんに怒り出して止まらなくなってしまい、ガラス窓を蹴破ってしまった。担任の先生は、自分が一つひとつ注意したり、言い聞かせてきたことが、いまのこの子には伝わっていない、それらすべてが、この子にとっては自分を否定されていると思えてしまうのだということを、そのとき強く感じたと言う。でも、三歳児を突き飛ばして先に給食をもらってもよいことにはならない。だから悩む。

「子どもの思いをわかる」「子どもの思いを受けとめる」ということが大切だと思う気持ちが強くなればなるほど、実際の保育の場面では悩むことが多くなる。さらに、どうすればその場面をうまく切り抜けられるのだろう、と悩み始めると、ますます出口はおそらく見えなくなる。

具体的にそこここでぶつかったおかげで、行動に込められたその子の思いが見え、それにかかわるほかの子の気持ちも見え、そして保育者の姿も見える。その瞬間を逃さずにお互いがわかり合える道をさがすためには、ぶつかるたびに「保育って、子どもの育ちってなんだろう」と揺さぶられることを恐れずに、そこに確かにいるおとなとならなくては、と思う。

かみつき

若手中堅のS先生から聞いた、ある一歳児クラスの話。四月は一歳児クラスは、家庭から初めて保育園に入園した子も多く、ほとんどの子が泣いての登園になって、先生たちはてんやわんやである。

私はこの四月当初の一歳児クラスの子どもたちを何回か（一〇年間ほど）見せていただいたことがあるが、別れ際の泣き方の激しさはかなりのもので、初めての親御さんはみな、とても不安気である。保育者に「姿が見えているうちは気持ちが切り替えられないので、大丈夫ですからお仕事に行ってください」と声をかけられながらも、心配そうな表情で出かけていく。それだけに、親御さんの安心のためにも泣いている子は抱き取らなくてはならないし、とても手が足りない時期である。

私が見ているかぎりでは、親御さんが見えなくなってそのままの激しさで泣いている子は一〇分以内にほとんどいなくなった。もちろん、泣いている子はいるし、一度泣きが小さくなってもまた大きくなったりする子もいるが、泣きの激しさが下がるとき、泣きながらも、たいていの子どもはなにか興味のあるものを探し始めている。月齢が高い子は手ごわい（？）が、ある日突然、というように大丈夫になる。

すずちゃんはおとなしくて、こうしたなかでは「助かる」存在だったらしい。その激しい泣きの大合唱がすこし落ち着いて、子どもたちも環境にだいぶ慣れてきたなと思った頃、それまで目立たなかったすずちゃんが、突然お友だちにかみついた。S先生は、保育の資料に『泣いたりして要求を出している友だちとは対照的におとなしい存在だったすずちゃんがガブリとかんだことで、私はすずちゃんの出せなかった思いに気づいた。』とある。そして、そこから、いつも待たせていたことを反省し、すずちゃんがはっきり要求として出していなくても、着替えやオムツ換えなど先生のほうから寄っていき、ていねいにかかわり、寝るときも一番にやさしくトントンするなど、意識してかかわった。そのなかで、少しずつすずちゃんも声や仕草で、要求を出すようになってきたという。それでも、友だちとの関係で思いどおりにならないとき、口がパカっと開く。

あるとき、S先生は口をパッと開けた瞬間のすずちゃんとたまたま目があった。すずちゃんはかむのをやめたという。S先生はすずちゃんに、「ガブしなくてえらかったね」とほめてみた。すずちゃんは笑顔を見せた。

そのときはよかった、気持ちに寄り添いながらかみつきを防げたと思ったそうだが、すずちゃんのかみつきはまだ続いている。S先生は、あのとき、先生と目が合ってかむのを躊躇したすずちゃんをほめたことを悩み、資料に『思いが出せずにいたすずちゃんにとって、笑顔はわが身を守るものの一つだったし、かみつきは気持ちの表れとも思う。』と書いている。そして、学習会で自分でこの資料を読みながら、「こうやって、みんなと話してみると、やっぱりこのときほめたのは違っていたと自分で思う。せっかくすずちゃんが自分の要求を表現できるようにと私としては努力していたのに、かみつきをその行為だけを封じることをして、すずちゃんが自分の思いをわかってもらえる、と安心できるようにかかわれていないかもしれない」と言った。

かみつきをどうとらえるかということでは、意見が一致するようで実はなかなか一致しない、難しい保育の課題である。でも、こんなに誠実に子どもの思いをわかろうと奮闘している保育者がいることが、私にはうれしかった。

「ほんとうは大好き！」にたどり着くまで

三歳児クラスをベテランの先生と担任していた二年目の保育士、T先生の話である
午睡のとき、T先生が担当すると子どもたちはなかなか寝てくれない。一年目のときは、ベテランの先生が保育室をでていったとたんに四歳児たちがむくむく起き上がって遊び始め、T先生の注意もまったく耳にはいらないという状態になってしまったこともある。

なんとか午睡をしてもらおうと考え、寝るときに話などもしていたらしいのだが、怖い話をしたらよく聞いて静かになるかもしれないと考え、『「今日は怖い話をするね」と言ったら、怖い話をしてほしい子と怖い話をしてほしくない子とで言い合いになってしまい、話をするどころではなくなってしまった。』（保育討議資料より）といったようなこともあり、なかなか苦戦していた。

今年担任した三歳児クラスのゆりちゃんという女の子は、午睡のとき、必ずと言っていいほど崩れてしまう。泣いて、「T先生嫌い、こっち来ないで！」と言ったりする。そして、もう一人のベテランの先生が休憩などから部屋に帰ってくるまで泣き続けたりすることもあった。

一歳や二歳児ではけっこうよくあることである。どこの園でも「嫌い！」と言われた先生はそんなものだとわかってはいても、みんなちょっとは傷つくのである。それでも、あなたの気持ちもわかるけど、いまは私でがまんしてね、とがんばっていると、そのうち拒否されることが減っていったり、なくなっていったりする。忍の一字でその日を待つことになる。

T先生も、嫌いと言われても負けずにかかわっていくという日々であった。しかし、秋になって、ほかにはそうした子どもはとっくにいなくなったのに、ゆりちゃんだけはあいかわらず「嫌い！」を連発する。二年目のT先生は、自分がなにかうまくかかわれていないからなのかとか、男性保育士だからなのかとかいろいろ考え、悩んでしまった。

しかし、T先生が他の子にたたかれたとき、ゆりちゃんが「T先生をいじめないで」と言ってくれたことがあり、少し距離が縮まってきたのかな、と思うこともできた。

そうやってがんばってかかわっていたある朝、ゆりちゃんのノートにこんなことが書いてあった。

今日は、ゆりがすごくおもしろいことを言っていました。寝る前、突然、「ゆり、もっとT先生大好きになりたいんだよ！　仲良くなりたいの！」と言うので、「じゃあ素直に大好きって言えば？」というと、「でもゆり、いつもT先生にべ～とかイヤ～とか言っちゃってるもん……」としょんぼりしていました。なかなか素直になれないゆりですけど、ほんとはT先生好きなんですってよ！

このお母さんは、ほとんどノートを書いてこない人だったのに、わざわざ書いてくれたのだ。これを読んだときの気持ちを、T先生は保育の討議資料にこんなふうに書いている。

『……これを朝読んだときには、味わったことのない感動があった。普段あんまりコメントを書いてこない人がわざわざ書いて教えてくれたこと、ゆりちゃんが家に帰っても私の話をしてくれていたこと……などたくさんの喜びがあった。ゆりちゃんが心を開いてくれるまで時間はかかったが、時間がかかったぶん、喜びも大きかったのでとても嬉しかった。』

いま、きっと先生は心の底から保育士になってよかったと思っているだろう。二人を祝福したい。

五メートルの抱っこ

ある園の会議でだされた二歳児クラスの話である。二歳児クラスのさらちゃんは、K先生が大好きで、片時も離れようとしない。K先生が早番で、先にあがろうとすると、察知して、必死に追いかけてくる。あそべていないかというとそうではなく、大丈夫なときは、楽しそうにごっこあそびなどもやっている。K先生が休みのときは、けっこうしゃきっとして自分で着替えもするし、ごはんも食べる。でも、K先生がいるときは、ひざにのぼり、背中にくっつき、着替えも手伝ってもらいたいし、寝るときも他の人ではだめなのだ。

これは保育園ではけっこうよく聞く話である。このとき、慕われた先生と、ほかの担任たちとの間に合意がないと、あの先生が甘やかすから、あの子がいつまでもそこから羽ばたいていかれないのではないか、という話になり、おとなたちみんながちょっとぎくしゃくしたりする。

このクラスは、K先生にたくさん受けとめてもらおうと合意していた。

K先生があるとき、事情で三日続けてお休みをした。クラスのほかの先生は、さらちゃんはどうかな、と見ていた。一日目はしっかり者のさらちゃん。ほかの先生が抱っこする？　と聞くと、K先生がいないからひとりでする、と答えたという。ところが二日目の後半から元気がなくなっていき、三日目は、ちょっとしたことでも泣いて、友だちと遊ぶこともせず、一日ごねごねのぐちゃぐちゃ、になってしまったそうだ。

そして、四日目の朝、出勤してきたK先生にさらちゃんはぴったりとしがみついた。ほかの友だちが、K先生のエプロンの端でもさわろうものなら、大声をあげてけん制し、抱っこしていても、友だちのなかでは落ち着かなくなってしまった。いつ先生をとられるか、心配でたまらなかったのだろう。誰もいない空間を求めてさらちゃんはあっちいこう、こっちいこうと抱っこのままでK先生に持ちかける。先生は、あまりの執着に圧倒され、そして、これでよいのか、悩んでしまった。繰り返し、担任会議で話し、いまは思い切り一対一でかかわってあげようということになって、二人だけで散歩に出かけた。そこでは、自分から抱っこを降り、楽しそうに歩いてはおしゃべりしながら散歩を満喫しているさらちゃんがいた。

この毎日に、疲れ果てた担任の先生たちは、お母さんとの懇談で、お迎えにきたとき、フェンスに止めてある自転車まででいいからさらちゃんを抱っこしてあげられませんか、と話した（五メートル、あるかないか）。お母さんは、「できません」と答えたという。びっくりしている先生たちに、お母さんも保育士だけれど、企業のやっている無認可保育室で、四〇名以上の一、二歳児を三人でみていてくたくたなこと、日曜日にも勤務が入るので、実家の母にみてもらっていること、母ひとり子ひとりだから、しっかりした人に育ってほしいこと、などを話してくれたそうである。

同じ保育士であるならなおさら、わが子の担任から、少しでもいいから抱っこしてあげてほしいと言われたとき、自分だって精一杯いまを甘えずにがんばっているのに、子どもへの愛情が足りないと言われたようで寂しく、つらかったと思う、とあとで担任たちは反省した。お母さんが必死に自分を支えてがんばって生きていることを、いま、支えることがさらちゃんを共に育てること、とみんなで確認し、心おきなくK先生に甘えてもらおう、みんなでクラスを支えるから、とみんなの気持ちが一つになった話し合いだった。

自己評価

ある三〇歳前後の保育士さんたちにこんな話を聞いた。

ずいぶん前から、保育の世界でも自己評価や第三者評価が進んでいる。その地域では去年から自己評価のシステムを導入し、保育士さん一人ひとりに目標を立てさせている、という。保育をするのに目標を持つこと自体は別におかしなことではない。なにげなく、「たとえばどんな目標なの?」と聞いてみた。

一人の人は、ピアノが苦手なので、今年の目標として、「保育のなかで、もっとピアノがスムーズに使えるようにすることを目標にする」と書いたという。保育の目標とは別に、自分の努力目標を書くことになっているのかな、と思っていたら、もう一人の保育士さんが、「子どもたちが絵本を集中して読めるようにすることを自分の目標にした」と言った。

はじめ、それは「あいまいだ」と返され、「〇パーセントの子どもたちがそうなるようにする」、といった明確な数値を入れた目標にするようにと言われて困ってしまったという。一〇〇パーセント、といっても無理がありそうなので、八〇パーセントと書いて出したのだそうだ。

なんだかヘンだなと思っていたら、別の人が、「うちでは、何パーセントの子どもが、いつまでにオムツがとれるようにする」、というように、期限と数値目標を明確に出すように指導されて、困ったけれど、「夏の終わりまでに〇パーセント、一二月までに△パーセント」と書いて出した、と言った。

「えっ　それってどういうこと?!」、聞いていたほかの保育士さんも私も、思わず聞き返した。それで、どれくらい達成できたかを自己評価する、というのである。評価が主観的にならないように、目標はできるだけ数値を入れ、達成度が計算しやすくなっているという。

オムツが取れるタイミングは、一人ひとりの機能の成熟と、それを適切にキャッチした働きかけによるものなのに、時期を区切ってオムツが取れた子どもの割合で保育者を評価するなんてとんでもない！　むちゃくちゃだよね、と、あまりのことに唖然としてしまった。保育者にもだが、子どもに失礼じゃないか！

「ベテランの先生たちもそういう目標出しているの？　組合の先生たちはそういう自己評価

に対してなにも言わないの？　みんな、ヘンだとか、無理だとか、思ってないのかなあ？」……ついあせって矢継ぎ早に質問する私に、その若手中堅の保育者たちは、わけがわからなくてヘンだとは思うけれど、誰に相談してよいかわからないし、みんな四苦八苦してそんなような目標を出して自己評価をして提出している、という。

そこに集まっていた若手中堅の保育士さんたちは、いまの保育を自分たちで見直して、子どものことをもっともっと考えた保育をしたいと願い、自主的にその地域で学習会を立ち上げた人たちである。保育園のなかで、もっと子どもの話をしよう、そこから保育を考えようと一生懸命ほかの保育者たちに呼びかけ、まったく手弁当で、学習会をやり遂げ、さらに自分の職場でがんばろうとしているほんとうに頼もしい若手たちだ。その人たちにこんなことをやらせないでほしい！　保育者としての自分をそんなものさしで測ることを許してはいけないのだ。

「保育の評価」とはどういうことなのか、本質的に議論されないまま、いつのまにか、現場はそうしたことに侵食されていく。このことは、何につながっているのだろう？　はがゆい思いをかみしめた夜だった。

腹をくくる

ある地域で主任さんの研修に参加した。保育園の保育のリーダーとして何を大切にしていったらよいか、といった内容が話された。

話し合いのあと、質問は？　となったとき、一人の主任さんがこんな発言をした。

「園長先生から、〝園内の職員のなかに保育士としてそれは困る、といった行動が見られるとき、それを注意する必要がある。主任は保育のリーダーなのだから、たとえ嫌われてもその人にきちんと注意しなさい〟と言われています。そうしなければならないのでしょうか？」

会場はその発言で賑やかになったが、「ある、ある、そういうこと」という雰囲気に私はむしろびっくりした。そして思わず、「嫌われるようなことだったら責任者の園長先生が話したらよいのでは？」などと言ってしまって、「聞いた本人も言った人もいやな思いをするようなやり方でなく、一緒に考えていける課題として提案できないものか。そのことこそ園長や副園長と相談したほうがよいのでは……」と言い直した。そして、ある園長先生のことを思い出した。

何年か前、園内研修に参加した園でのことである。二月の終わりか三月の初めだったと思うが、年長クラスは卒園前の最後の行事として保護者も呼んで園のみんなに劇を見せたらしい。クラス担任はいっしょうけんめい子どもたちといっしょに考え、工夫し、練習してみんなでやれたと思っていたのだが、クラスの一人のお母さんから、〝このようなレベルなのかとがっかりした〟といった感想がきて、担任は打ちのめされた気持ちになってしまったという。

そのお母さんは保育士で、これまでも行事や保育のやり方などについて、いつも納得できないようで、たくさん意見を言ってきたが、担任は一つひとつにていねいに応えようとずっと努力してきた。主任もできるだけいっしょに対応してきたという。

そのお母さんは、どうしてそんなに文句を言うのか、という話になったとき、園長先生が、そのお母さんがいろいろと抱えている不安やたいへんさを説明した。私はつい、そこまでわかっているのだったら、「ここは園長先生が腹をくって、そのお母さんの話をとことん聞いてあげるしかないのでは?」と言ったが、園長先生は、これまでもそのお母さんとは話をしてきて、もう勘弁してほしいのだという。「でも、担任も主任もお手上げなら、園長しかいないのでは?」とさらに言ったら、園長先生はどこかに行って見えなくなってしまった。あとでその園の先生が、そのお母さんがお迎えにくると、事務室にいたと思った園長先生がほんとうに見えなくなってしまうのだ、と話してくれた。

あとでその園長先生本人が話してくれたのだが、その晩、くやしくて眠れなかったという。そして、翌日の夕方、そのお母さんと、主任も交えてゆっくり話したのだそうだ。二、三時間、話を聞いていたら、そのお母さんは、「こんなにちゃんと自分の話を聞いてもらえたことは初めて」と言って涙ぐみ、お礼を言って帰っていったそうである。うそのような展開であるが、卒園式の日はそのお母さんも含めてみんなで感動できて担任もうれしかった、ということである。

人と人の間で、「腹をくくる」ことで伝わることがあるのかもしれない。

プールカード

保育園の夏は、なんといってもプールが楽しみだ。保育をする側にとっては準備、プールの掃除、水の衛生、子どもたちの健康状況の把握、着替え、水着などの用意、そして紫外線対策や安全など、さまざまにめんどうなことも多く、気を配らなくてはいけないことだらけでたいへんなのだが、暑いなかで大小さまざまなプールで遊ぶ子どもたちは、ほんとうに気持ちよさそうである。「今年もほんとうの夏が来た」と思わせられる場面である。

保育士さんたちと話していて、プールカードのことが話題になった。

保育所の子どもをプールに入れる場合、体温やおなかの調子など、子どもの健康を確認し、保護者の承諾を得なくてはならない。そのためにどこの園でも「プールカード」を使って、保護者に体温やからだの調子などを記入してもらい、プールに入れるときは○、入れないときは×をつけてもらうようにしている。話題になったのは、その○×などを記入し忘れた子どもがいた場合、どうしているか、ということである。

○が書いてなかった場合、基本はプールに入れないわけだが、子どもは元気で、プールの用意も持ってきていて、あきらかに記入を忘れたんだなとわかることもある。ある先生が、「うちは一回は親に電話して、確認しているの」と言った。「一回って?」というみんなの問いに、その先生は二回目からは忘れたのがいけないのだから、プールには入れない、と説明した。体温などの記入漏れについてもその園は同じように保護者に一回だけは確認してあげている、とのことであった。別の園の先生が、「体温の書き忘れなら、うちはそのときに測っているけど……」と言った。たしかに、職場の親に電話して「今朝の体温は?」と聞くより、その場で測ったほうが正確だ。でも、その子どもがプールに入ってよいかどうか、判断は保護者にしてもらわないと困るから連絡する、とほかの先生が言う。

私はある保育園で、この四月にその園にきたばかりの園長先生から、「バスタオルを忘れたからこの子はプールに入れないんです」と言われ、「それなら園のタオルを貸してあげればいいじゃない」と言ったら、「うちの園ではそういうルールになっている」と説明されてびっくりした話を聞いた。そんなことはある？　とそこに集まっている先生たちに聞いたところ、タオルではそんなルールはないなあ、と言われた。

プールカードは、プールでの子どもの安全を守る目的でつくられたものだと理解しているが、いろいろ話を聞いていると、プールをめぐるルールが守れなかったときに受ける罰（!?）としてプールに入れない、ということがあるように思う。親としての義務を果たせていないせいであなたの子どもはかわいそうな目にあっているのですよ、と親に言うとともに、それは子どもにもあなたがプールに入れないのはルールを守れなかったあなたの親のせいだ、と言っていることになる。そんなつもりもなく、私たちはそうしたことをやってしまうことがあるのではないか、気になるところである。

以前、ある保育園で○と×をいっしょに書いてきた子どもがいた。親に聞いてみたところ、子どもが、プールに入りたくない気持ちと入りたい気持ちとが入り混じっていて、そう書いて、と親に頼んだのだという。その子は×の多い子どもだったのだが、健康だけでなく、子どもの気持ちがそのしるしにあらわれることもあるのだ、と知った。プールカードのしるし一つにもドラマがある。

保育参加

保育園の園長先生をしている友人の話である。

何年か前のことだが、その保育園では、保護者との意思の疎通がうまくできず、あちこちのクラスから保護者の苦情の声が出てきていたという。いくらていねいに対応してもひとつが解決したと思ったらまた別のことが起こるといった具合で、なんだか際限なくて、園内の雰囲気もみんな疲れている、といった感じになっていたし、園長の自分も「なんでこんなに?」と思ってしまう状況だったのだそうだ。

そのころ、毎年行っている保育参観の時期がきた。保育参観で、たくさんの保護者が見ているなかで保育をしている保育士さんたちがしんどそうで、どのクラスもなんだか楽しそうでない。おしゃべりに夢中で保育をちっとも見ていない保護者もいる一方、監視するかのように見つめるまなざしも感じた。

この雰囲気は正直いやだな、と彼女は思ったという。そして、あちこちの保育園で取り入れている「保育参加」をやってみたらどうだろうと思いつく。保育を外から見るだけでなく、子どもたちのなかに入って、いっしょに遊んだり、散歩についてきてもらったり、片付けや配膳も手伝ってもらい、給食の試食もしてもらってはどうだろう。そうなると、一度に大勢は無理なので、同じ日にできるのは、別々のクラスも入れて最大五組まで。大勢に見られているという感じよりぜったい保育はやりやすいし、子どもたちも親にくっついていられるし、話しやすいかもしれないと考えた。職員は賛成したが、それほど熱心ではなかった。保護者を迎え入れること自体にちょっと腰が引けていたのかもしれない。

そして、「保育参加」を始めてみた。一年のうち、いつでも保護者が都合のつくときに来てよいことにした。保育者たちにははじめ、一年中いつ保護者が見にくるかわからないのは、一年中ほっとできない気がすると消極的な意見もあったが、実施した。

実際に参加した保護者は、子どもたちとたくさんかかわることができて、わが子が昼間生活している保育園の暮らしを堪能して楽しそうだったり、いろいろなことを新たに保育者に教わったりした。ゼロ歳児クラスにはいったある保護者は、一日いっしょにいて先生たちのたいへんさが少しわかった気がする、と感想に書いてくれた。

保育参加してくれた保護者たちとの間の空気は確実に変わり始めた。そして、そのおだやかな空気が保育者たちをほっとさせ、保育が落ち着き、子どもたちが以前よりずっと生きいきしてきたように感じたと友人は言う。

「それでわかったの!」「なにが?」「保護者に保育園を体験してもらう。見せるのでなく、その日の保育に参加し、ありのままのなかでいっしょに保育をつくってもらう。その結果、保護者とたくさんわかり合えて、自分たちの保育が認められやすくなって、日々が楽しくなった。これは結局、自分たち保育者が救われる方法だった」

そう思ってから、職員にも保育参加の意味を一生懸命伝えるようになり、五割ほどだった参加率も八割以上になったそうだ。

「職員の人たちに言ったの。保育園でなにがつらいって、保護者とのトラブルがやっぱりつらいよね。それがわかり合える道があると思うと、ほっとする。私たち、子どもたちのことならいろいろあってもがんばれるもの」

ここ二年くらい、保護者とのトラブルが目に見えてなくなったという。誠実に真正面からひとつの壁を突破した彼らに拍手!

あなたの味方です

先日、ある保育園で貴重な物を見せていただいた。破って作った何枚もの紙にそれぞれ「〇ちゃん（先生の名前）はひでちゃんのみかたです」と書いてある。幼児クラスの担任の先生の名前がすべて一枚一枚に書かれている。そのほかに「みんなひでちゃんのみかたです」と書いた一枚があり、下のほうには乳児クラスの先生の名前がずらっと書いてある。

なぜこの紙が作られたか、その詳細を五歳児の担任の先生たちから聞くことができた。

ひでちゃんは年長であるが、気持ちがなかなかおだやかになれず、その出し方の激しさにおとなも思わず身構えたり言い返したりしてしまう日常だ。三歳のときも四歳のときも話し合っては、家庭で十分甘えられていないひでちゃんが保育園でおとなにたくさん甘えて、少しでも安心し、気持ちがおだやかになれるように職員たちみんなでかかわっていこうと何度確認したかわからない。

毎日のことだが、あおいちゃんが、保育者に「ひでちゃんがたたいた！」と訴えてきた。担任の先生がひでちゃんに聞いてみると、ひでちゃんの作っていたブロックをあおいちゃんがこわしたのでたたいた、ということだったようだ。ひでちゃんは、「あおいはすぐおとなに言いつける！　おとなはすぐあおいの味方になる！　おれだって我慢してるんだ、おれだって言いたいのに」と怒って、「おれには味方がいない！」とワーッと泣き出した。何日か前にも、「みんなには仲間がいるけど、おれにはいない。△（一歳児クラスのこと）のときからおれはひとりぼっちだった！」と言って大きな声で泣いたばかりである。

担任のK先生が、二人だけになって、「私はひでの味方だよ。A先生だってひでちゃんの味方だよ！」と話した。でもひでちゃんは「違う！」と言う。「うーん、どうすれば信じてくれる？　紙に書く？」「なくしちゃうからダメだ」とひでちゃん。「じゃ、○ちゃん（園長先生）に預かっててもらうのはどう？」「○ちゃんは忘れるからだめだ」

こうしたやりとりの末、いっぱいの紙に書いておこう、ということにして紙を手のひらくらいの大きさに手で切って、一枚一枚、先生たちの名前を書いていった。そして、それを全部まとめてクリップで止め、自分のロッカーにしまった（次の日にはいろんな人に見せ、私が担任の先生から見せてもらったころ――二か月たっていた――にはもうひでちゃんはその紙を気にしなくなっていたそうだが）。

この四日後には、片付けでもめた友だちを蹴飛ばしてK先生に注意され、「こんな保育園、来なければよかった」と叫んでK先生とけんかになり、初めて「おれなんか死ねばいい！ 生まれてこなければよかった！」と叫んで泣いた。先生も悲しくなって、同僚から二人でゆっくり散歩してきたら、と言われて抱っこで散歩にでかけ、外でおやつを食べ、のんびり木の実を拾ったりした。

こうした日々は続いているのだが、最近ゼロ歳児クラスの先生に、「クラスのなかで誰が一番好き？」といきなり質問してきたそうだ。「えっ、みんな好きだから一番なんてわからないよ」と答えたら、「KちゃんとAちゃん（自分の担任二人）はおれのことが一番だよ」と言ったという。担任の思いは少しずつひでちゃんを満たしているのだとみんなほっとした。

愛される権利

何人かの保育士さんたちからこんな子どもたちの姿の話を聞いた。

ある年長の女の子は給食のおかわりができない。からだは細いが食が細いわけではない。ほんとうは好きなおかずや汁物、ごはんやパンなどをおかわりして食べたいのだ。でも、おうちでおかわりはしてはいけないと言われているという。理由はその子がバレエを習っていて、太ったらいけないからなのだそうだ。あるとき、どうしても食べたくておかわりをしてしまったその女の子は、先生に、「ママに言わないでね。ママにはおかわりしたのは野菜だけだって言ってね」と必死に頼んできたという。大丈夫、ママにはなにも言わないから、とその先生は答えたそうである。

別の四歳児クラスの子は、気に入らないことがあると大暴れする。お昼寝ではすんなり寝たくなくて、担任の先生がついて寝かせようとしても起き上がって足を踏み鳴らし、ドンドンと大きな音を立てて大声で騒ぐので眠い子も寝られなくなってしまう。注意したらもっともっとそれがエスカレートしていく。その場面ではそこから連れ出すしかなくなる。

その子にはゼロ歳の弟がいるが、お父さんが違う。お父さんもお母さんも弟は抱っこするがその子のことはいつも叱っている。その子にはときどき知らない傷ができる。

クラスの先生と園長、主任で相談して、担任の先生は一時から一時半までほかの子のお昼寝につきそい、その間、その子は園長先生や事務の先生のところへいって絵を描いたり、何か紙を切ったり折ったりと相手をしてもらいながら、一時半に担任が迎えにくるのを待つことにした。担任はほかのパートの先生たちにも助けてもらって一時半になったら職員室にその子を迎えに行き、本を四冊ほど読む。楽しい二人だけのひと時を過ごしているという。「ぐりとぐら」のシリーズで、サンドイッチが出てきたとき、その子は食べたことがなくてすごくうらやましがった。そうした経験をするような生活でなかったのかもしれないと思い、クラスみんなでサンドイッチを食べる活動を入れたりもした。クラスみんなもだが、その子の喜びようはとても大きかったそうだ。

いまは毎日、四冊の本を担任を独占して読むと、自分から寝るところにいって、違うおとなでも、顔と足をさすってもらい、コトンと眠れるようになったという。

その子はみんなが寝るのに自分だけ職員室にいくとき、「先生、あとで本読もうね！」と大きな声で言うという。担任の先生は、ほかの子どもにちょっとはすまなそうにしてほしい、せめて小さな声で、と思うが、毎日大きな声で元気に言う。いまに至るまで、ほかの子からずるい、とか何であの子だけ、とかいう声は出ていない。

聞いていたほかの先生が、その子の気持ちを考えると、いまの担任の先生とのこの毎日がその子にとってどれだけ大切かと思う、と言った。全力であなたを大切に思う、それを受け取ってほしいとおとながかかわるとき、本人もであるが、ほかの子も、もしかしたら自分もきっと大事にしてくれる、と感じているのかもしれない、と別の人が言った。

愛されて安心し、おだやかに眠れるようになることが、もし保障されていないなら、保育園はその子を守る最後の砦。全国津々浦々で、このような大切な、でも職員の身を削るような実践が日々行われているのかと思うと、なんて重要な仕事なのだろうと思う。

〝相性〟に挑む

ある保育園の若いT先生の話である。

他の園から転園して四月に二歳児クラスに入ってきたこうきくん。月齢も高く、他の進級児たちより口も達者だったので、きっとおとなの言うこともわかるんだろうと思ってしまった、とその先生は言う。

外で、砂をばらまいているこうきくんに、

T　「そういうふうにやるとさ、他のお友だちにもかかっちゃうからやらないでね」

こうき「やだ！　バーカ!!　先生なんかあっちいけ！　ブーッ！」

昼寝から起きて、おしっこでおしりが濡れているこうきくんのふとんを片付けようとすると、

こうき「だめーっ！」

T「まだゴロゴロしたいの？　じゃあさ、おしり濡れてるとおふとんも濡れてお洗濯しなくちゃならないから、パンツ替えてからゴロゴロしたら？」

こうき「バーカ！　チービ！　せんせえなんかあっちいけ!!　ブーッ！」

という具合なのである。Ｔ先生はこうきくんとのことを保育資料にこんなふうに綴っている。

『あげくの果てには、「こうきくん、みかん好き？」って聞いただけなのに、「せんせえバカ!!あっちいけ!!」なんて言われちゃって、いけないいけないと思いながらもつい、〝んもお～！もういいよ！〟と心のなかでつぶやいてしまう私。』

そして、そんな思いを同僚のやはり若い先生に告白した。その先生が「わかる気がする」と言ってくれて、話しているうちに、「私ってこうきくんと相性が合わないのかな。一歳からいっしょにいる子どもたちをすごーくかわいいと思いすぎてるから、新しく入ったこうきくんのこと、かわいいって思えないのかな？　もっと長くつきあえば、こうきくんのこともかわいく思えるのかな」といろいろ考え込んでしまったという。

そんな頃、出かけた保育の学習会で、一歳のときこうきくんの担任だったほかの保育園の先生に偶然会うことができた。

その頃のこうきくんは、抱っこしてくれるおとなを求めて転々と歩きまわり、人へのこだわりなどがまったくないのが気になったそうである。こうきくんには、おとながちゃんと正面からていねいに向き合ってあげることが大事と考え、担任の先生たちが、こうきくんとていねいにかかわるなかで、担任の先生にこだわりを少しずつ見せるようになって、フラフラと歩きまわる姿も減り、甘え方もしっとりしてきてすごく変わってきた、とのことだった。

学習会で聞いた「おとなが要求する場面でないときに、その子の楽しいと思えることをキャッチし、その楽しさを共有できるとその子が見えてくる」ということもあって、翌日、T先生はこうきくんの気持ちをまず受けとめようと決心する。そして、資料にこう書いた。

『今日はとにかくまず第一声は「そうだよね」と言ってみようと心に決めてやってみました。また、あまり自分から抱っこと言わないこうきくんですが、あえて抱っこしてみたり。すると今まで〝んもお～！　なんでこうなっちゃうの？〟といちいち思っていたこうきくんの言葉も全然腹立たしいものじゃなく、また「そうだよね」と受け入れることによって「あっちいけ！ブーッ！」なんていうことも極端に減って、抱っこされるこうきくんの表情もとてもかわいくって〝ああ、やっぱりこうきくんもかわいいんだ〟と心から思えたのでした。』

〝相性〟にととめずに悩み続けたT先生が獲得したこうきくんとのしあわせな時間に、心から祝福を送りたい。

やってはいけない理由

ある保育の勉強会で若い保育士さんがしょげていた。保育園で子どもにケガをさせてしまったというのだ。

幼児クラスで、一人の子が、自由に遊ぶ時間に、片付けてあるテーブルを自分で出して家をつくり、その上から飛び降りてはまた登って遊んでいた。

先生は、危ないからやめさせようとしたが、本人はやめない。「じゃ、あと一回だけやったらやめようね」、と言ってちょっとぞうきんをゆすぎにそこを離れたとき、落ちて顔をぶつけてしまった。ケガがどんな具合なのか心配なので保護者に連絡してお医者さんに連れて行った。さいわい、結果的にはたいしたことはないらしかったが、連絡を受けた保護者もびっくりして飛んで帰ってきたという。

まわりから、「いけないことをしているときに厳しくやめさせなかったから子どもがこんなケガをしてしまったのだ、幼児だったら約束を守らないときにはきちんと叱らなくてはいけないのに、いつもい甘い顔ばかりしているから」と言われて、自分でもそうかな、とも思えて自信がなくなってしまった。「あの子はいつも危ないこと、いけないということばっかりやるんだから、気をつけていなくてはいけない子だよね、危ない場所に行かれないようにホールなど、鍵をまめにかけたりといった安全対策ももっと必要」、と会議でも話されたのだそうだ。

「机に乗ることを、子どもにはなんて注意しているの?」と聞いたら、「机はごはんを食べるところだから登ったら汚くなってしまうからやめようか」と言っていた、とのこと。その若い保育者は、「そういえば、ごはんを食べるところだからという理由と、危ないから、という理由が自分のなかでもごちゃごちゃで、どっちにしてもいけないことをしてる、という感じで、いろいろ言って注意していたかもしれない」と言っていた。注意した担任の彼女に、その子は、「やだ、ボクがつくったんだもん」と言ったという。

勉強会に参加していた別の一人が、「子どもから見れば、とにかく机に乗ることはいけない、と自分が注意されているのはわかるけれど、なぜいけないのかはほんとうには伝わっていないよね、だから、自分でおもしろいこと見つけた、と思っているその子には先生が〝危ない〟と思うところが伝わらなかったのではないかしら。そして、せっかく先生が、〝あと一回ね〟、と許しながら、そこから離れたことで、子どもは、〝先生がもどってくるまでに、いっぱいやらないと終わりにされてしまう〟、と思ってあせってやろうとして落ちたのではないかしら」と言った。

「あと一回にしても、危ないと思いながら子どもにそれをやることを認めるなら、〝ここが危ないから気をつけて〟、とそこに先生がついて、本人が見つけたおもしろいことを堪能するのをちゃんと見守り、いっしょに締めくくって次へいかれるようにすべきだったよね。注意はしたけれど、理由がごちゃごちゃで、〝やってもいい〟と言ったけれど、その場から離れてしまう、というおとなのかかわり方がその子にどう理解されたかについて、会議で話ができるといいのにね」、という話になった。

危ないことは子どもと暮らせば限りなくあるが、どう気をつければいいのか、いっしょにおとながついて、それがわかっていけるかかわりが大切なんだ、と教えられた会だった。

がんばる素

今年も八月のはじめに全国保育団体合同研究集会が開かれた。猛暑の名古屋が会場だった。昨年、私の地元・埼玉で行われたときのあの大変さが思い返され、今年の暑さのなかで、愛知県の保育関係者の努力と熱気が伝わってきた。

私が参加した会場に、二〇年以上のキャリアを持つ保育士さんがいた。とても明るい感じの方だったが、発言の冒頭に、「自分は毎年この合研に参加してきたけれど、来年、保育士として合研に来られるかどうかわからない、そう思って発言することにした」と言った。一六〇人を越える会場に「えっ?」という空気が流れた。

この春、頼りにし、何でも教わってきた先輩が職場を去っていったという。「疲れてしまった。子どもが、ごっこあそびのなかで子ども役の子をきつく叱っているので驚いたが、保育者である自分のまねだとわかってショックを受けた」というのが直接のやめる理由だったそうである。そして、発言した人は、自分もやさしい保育者でありたいのに、子どもを怒ってばかりなのが辛い、と話した。

聞いてみると、三歳児二九人を二年目の若い保育士さんと二人で担任しているが、もう一クラス三歳児クラスがあり、三歳児は全体で五五人。そして、完全なクラス別の保育ではなく、できるだけいっしょの活動をすること、とされているのだという。たとえば、別々に散歩に出かけても、到着地点の公園はもう一つのクラスと同じにして、帰りはみんないっしょに帰ってくるとか、活動の計画はいっしょにする、などである。あまりに人数が多くなると、人数確認などがとてもやりにくく、公園でも「数えるから動かないで！」と言いたくなってしまう状態らしい。

さらに、組合をつくって熱心に保育をよくすることと、働く条件をよくすることとをつなげていこうとする姿勢があまり歓迎されないらしく、影響を及ぼさないようにと若い人と組むことがなく、新人と二人での担任は昨年がはじめてだったそうである。「園長先生、いい人だし、個人的にはかわいがってもらってきたと思うけれど……」とその人は言った。

ときには涙ぐみながらのこの保育士さんの発言に、会場からは、たくさんの声があった。「自分も職場のなかでうまくいかず、病気になったが、いまは自分にできることで子どもたちとかかわっていこうと思えるようになった。辛い気持ちはわかるけれど、あきらめないで」と泣きながら話してくれた人、「怒ってばっかりでも、子どもが好き、保育が好き、というのが話を聞いていてもわかります。自分のことを聞いているみたい。子どもたちはあなたを慕って待っています。どうか辞めないでください」という発言。こんなにがんばっている人が生き生き働けないのなら、もっと生きいきできるところを探していってもいいのじゃないですか、といった発言もあった。

時間の最後に、この保育士さんが「私の一年は四月でなく、八月の合研が区切りです。今日、ここに参加して、もう一年、がんばってみようという気持ちになりました。多分、来年も合研に保育士として参加していると思います」と発言した。会場は、涙と拍手でいっぱいになった。みんな、同じなのだ、と感じる瞬間だった。たくさんの保育士さんのがんばる素をこうして自分たちで紡ぎ出していくのがこの集会なのだ、と改めて知った。

同僚の病気

保育のなかで、とくに若い保育者がいろいろ苦しい思いを無理にがまんしていて病気になるケースがたくさんある。

たいていは、複数でクラスを担任したときに、同じクラスの担任の先生とわかり合えない、と思ったときである。たとえば牛乳を飲まない子どもがクラスにいたとき、対応する先生によってその子は牛乳を飲んだり飲まなかったりする。「飲めば飲めるのだから、がんばらせるべき」という担任と、「でもいやがっているのだから、無理に飲ませないほうがよい」と思っている担任との間にはさまって、新人の先生はその子に対して牛乳をどこまで迫ってよいか悩んで、夢でうなされるほどに困ってしまい、職場にいかれない日がでてきてしまった、とその新人さんに聞いたことがある。

また、ベテランの臨時採用の先生と二人で組んだ正規の二年目の先生が、なにをやってもうまくできず、自分は正規なのにもっとがんばらなくては！　と力めば力むほど、子どもも保護者も臨時の先生のほうにばかり行ってしまう気がして自信を失い、とうとう保育室のドアに手をかけただけで涙が止まらなくなって保育室に入ることができなくなり、診断書がでて、病休になったという話もきいた。

このように、たいてい、保育のなかで自信を失い、まわりの保育者とわかり合えない、または、自分はダメな保育者だとと思ったときにつらくなり、そのことを職場のなかで誰にも相談できないと病気になっていしまうことが多いようだ。そのつらさは、聞いていると身につまされる。

ところが最近、同じクラスの担任が病気になったとき、そのクラスのほかの担任がどんな思いであるかを知る機会があった。

そのクラスは二歳児を正規二人と臨時一人の三人で担任していた。そして、正規のうちの一人の若い先生が病気になり、仕事を休んだ。その間、助っ人には入ってもらっていたが、決まった人が入っていたわけではなく、やりくりでしのいでいたらしい。そして、その同僚が復帰してきたのだが、なにげなく、「今日は蒸し暑いので、ごはんの前にシャワーをしましょう」と臨時の先生と二人で話していたのをそばで聞いた同僚が、自分を避けて、二人でなんでも決めてしまう、と言い出したのだそうだ。もちろんそんなつもりはなかった、とがんばってきた正規の先生は言う。

それからは、臨時の先生となるべく話さないようにし、クラスのそういった細かいことも、復帰した正規の先生に相談するようにした。臨時の先生とおそろいのTシャツをたまたま持っていたのだそうだが、それを着てこないように気を配り、寝かせているとき、子どもが自分の名前を呼んでも、その先生が寝かせに入っているときは知らん顔をしたという。いつもその人の目を気にして保育をし、いま思えば子どものことをまったく考えられなくなっていた、子どもに申し訳なかったという。その間、考え続けたのは、「自分のせいであの人は病気になったのかもしれない」ということばかりで、ほんとうに苦しい毎日だったが、みんなにもそう思われているような気がして、誰にも言えなかったそうだ。

病気になるほど追い詰められる保育者の同僚が、絵に描いたようにいじわるだったりすれば話はわかりやすいが、現実は誰も悪いとは言いがたいなかで、みんなが苦しんでしまうことが多い。これを解く鍵がほしい。

願いよ届け

呼び出し電話

　ある晩、無認可の保育室の先生たちと話していて、いまの親たちの働き方のたいへんさと不安定さに話が及んだとき、一人の先生が、「ほんとうに働くところを確保するのもたいへんなんだよね」と言い出した。

「二か月仕事がなくて、毎日必死に探していたお母さんがさっき、〝きょう、やっと決まったの、先生！〟って飛び込んできたの。思わず、よかったねって抱き合って泣いちゃった」

　そのお母さんは、離婚して一人で子どもを育てていて、臨時の身分とはいえ、正規の社員と同じように仕事をしていたという。それが二か月前、突然解雇された。理由は、子どもが病気になり、四日間休んで五日目に出勤したら、もう来なくてよいと言われた、というのである。子どもが熱を出すたびに休まれたんじゃ困る。かわりはいくらでもいる、というのが雇っている側の言い分だそうだ。

話を聞いていたみんなはもちろん「ひどい！」と憤慨したが、そういう立場におかれた母親が一人でがんばることができない現実があることもみんなわかっている。

「それから毎日必死で仕事をさがしてたの。面接もいくつ受けたかわからないくらい。落ち落ちるたんびに励ましてね。子どものことは私たちがちゃんと見てるから、保育料も払えない分は仕事が決まってからでもいいから、あきらめないでがんばろうって」

その何日かあと、公立保育園の先生たちにこの話をして、公立保育園では、今も子どもが熱をだしたりしたら、「できるだけ急いでお迎えに来てください」と電話をしているのかしら、と尋ねてみた。一昔前は、その呼び出し電話をかける基準について、熱が三七度三分なのか、三七度五分か、といったことが話題になっていたと記憶している。

ある園長先生が、

「公立保育園といっても、うちも以前とはずいぶん変わりました。子どもが具合が悪くなれば保護者に連絡はしますけれど、子どもの状態を説明したあと、帰れそうな状態か、何時頃なら可能かを聞いたり、ひどくならなければ、お迎えに来てとは言わないこともあります。連絡をとりあって相談しながらやっていくことで、親のほうも、様子によっては、翌日休めるようにいろいろ算段をしてからお迎えにくるというようなこともできるし、なにより親の職場が、保育園から電話が来たら、取るものもとりあえずすぐ帰るという状況でないことを、この頃とくに感じています」とおっしゃった。

もちろん、そうはいっても幼い子どもは急激に状態が悪くなることもあり、保育園が親のかわりに判断できないこともたくさんある。

看護職のいるある私立保育園では、担任の保育士が様子を伝えるのだが、これは心配で今日中に医者に診察してもらい、治療してほしいというときは看護士さんが直接電話をするのだという。日常、精一杯親の都合を配慮している園だからこそ、その連絡でたいていの親はとんで帰ってくるそうである。

はじめに書いた保育室の先生が、「こんどはもう、そのうちの子が熱を出しても電話はぜったいかけられない。やっと決まった職場だもの」と覚悟を決めるように言った。自分たちもぎりぎりのところで、親子を必死に支えている人たちが確かに存在することをあらためて知った夜だった。

一枚のちらし

ある地方の「保育の集い」に一泊で参加した。夕方から、食事をしながらの交流会があった。多少アルコールもはいって、出し物あり、歌ありの楽しいなかにも、ふだん、あちこちに一人、二人とちらばって保育の運動をしたり勉強したりしてがんばっている人たちの、仲間に会えたうれしさが会場を満たしていた。

一人ひとり、急ぐこともなく、自己紹介をしていったが、ひとりのお母さんの番になったとき、その人は「夫の仕事の関係で引っ越してきて半年です。きょうは三か月の下の子を夫に頼み、四歳の娘と思い切って参加しました」と言った。ピンクのワンピースを着た女の子がとなりに座って、ものめずらしそうにまわりを見ていた。

交流会は、そのまま楽しく流れていってお開きになったが、気になって、私と隣に座っていた園長先生とふたりで、そのお母さんを見つけて話を聞いてみた。実行委員会の誰も、その人が誰に誘われてきたのか知らなかったからである。

話を聞くと、そのお母さんは、半年まえにこの地に来て、誰も知り合いのいないまま三か月前に二番目のお子さんを出産した。上のお子さんのめんどうをみに来てくれたおばあちゃんも、おじいちゃんの看病があるので帰ってしまい、それからはひとりぼっちで生まれたての赤ん坊と上の子のめんどうに明け暮れた。夫は、転勤してきて新しい職場に慣れるのに必死で、気にしてくれていたのかもしれないが、毎日帰りは遅く、疲れていて、助けてと言えなかったという。そして、上の子を始終叱ってばかりの毎日になり、その子が目に見えて暗い表情になって、笑わなくなり、気がつくと自分もそうなっていたのだそうである。

そんなとき、「子育ての悩みを話し合いましょう!」という呼びかけの入ったこの集会のちらしを偶然手にした。すがる思いで夫にそのちらしを見せ、どうしても行きたいと言った。彼女と娘の最近の様子を心配していた夫は、下の子の世話を引き受けてくれた。母乳が出なくて、ミルクだったからできたことだけど……そのお母さんは付け加えた。

「でも、誰も知っている人がいなくて心細かったのでは?」と聞くと、上の娘さんとふたりだけでホテルみたいなところに泊りに来るだけでも救われるかもしれないと思って来た、とのことだった。

お母さんと私たちが、ずっと話し込んでいる間、ピンクのワンピースの娘さんは若い保育士さんたちとおおさわぎで遊んでいた。その子の笑い声がロビーまで響いてきて、お母さんは思わず涙ぐんだ。

いっしょに話を聞いてくれた園長先生が、保育園の地図と電話が書いてあるメモを作って渡した。来てよかった、ほんとうに！　というその人の笑顔が胸にしみた。そして、母を思い出した。

私の母は、戦後、食べるものもなく、ひたすら赤ん坊も含めた大家族の世話をしながら、積もる思いを胸にしまっていたが、ある日、電柱に貼られた一枚の文学講演会のちらしを見てたまらなくなり、子連れでおつかいの途中におそるおそる会場に足を踏み入れたという。実際には子どもが泣くので出てきてしまったらしいが、それが彼女の母親運動への第一歩だった。

だからなのか、母は、ちらしやポスターをいつも大切に考えていた。誰かがこの一枚のちらしで救われるかも知れない、自分のように、と。

灯りにむかって

保育園の先生たちと話をしていて、「夕方遅くなったとき、どこまで園の電気をつけておくか」という話になった。

ある二階建ての保育園は、二階は全部消して、二階のクラスの子の荷物は下に移動させておき、お迎えは延長保育の部屋で受ける、ということだった。その園は二階が幼児なので、子どもが自分で荷物を持ってくることができるし、乳児は一階で電気がついているので、保護者がクラスの部屋に行って、帰る支度ができるという。

別の園は、延長の部屋と玄関だけ電気がついて、あとはすべて消してしまうそうだ。「電気代の節約を考えればそうなるよね」という声も聞かれた。

「うちは最後の子が帰るまで全部つけておく」という保育園もあった。保護者にも自分の子のクラスに入ってほしい。そこに貼ってあるものとか、つくりかけのダンボールの家とか、その日の子どもたちの遊んだ姿を少しでも感じてもらえれば、夜、子どもとの会話にもなるかもしれないから、とその園の先生は言った。

なぜこの話が出たのかというと、延長保育の部屋と事務所、玄関だけ電気をつけていたある保育園で、保護者から、「保育室の電気が消えていると、お迎えに来たとき、なんだか、お迎えが遅くて悪かったですね、と淋しくなり、暗い部屋もいっぱいある保育園に残されているわが子に申し訳ない気持ちがする。先生たちは、そうしたことをどう考えているんですか?」と聞かれた、という話が発端だった。

ふた昔くらい前には、お迎えが保育園が閉まる時間ぎりぎりになったり、まだ時間でなくても最後の一人になったりすると、保育園の電気は全部消されて、鍵も閉めて、玄関の灯りの下で遅番の先生といっしょに上着を着て、かばんも背負ってお迎えを待ったりする、という話がけっこう聞かれた。

少子化対策として子育て支援が叫ばれるようになって、保育時間は長くなり、補食や夕食を出す保育園も多くなるなかで、そうした話はあまり聞かれなくなり、保育園としては、保育園を閉める時間になってもお迎えに来ない保護者のことが悩みとして語られるようになってきた。「遅れては困ります」と話しても、簡単に改善されないことが増えたためである。

いま、働く人たちの労働実態はどんどん過酷になっている。くたくたになるまで働いて、それでもリストラの恐怖や、将来の生活基盤への不安がぬぐえない。おまけにこの時代、どう育てたら子どもがすくすく育つのかわからない。そして、目の回るような忙しさで、やらなくてはならないことだけが山積みのまま、あっという間に翌日が来てしまう……。

ひとりの先生が、「とくに乳児クラスのお母さんは、保育室に入ると座り込んでしまう人が何人もいる」と話した。今日一日、早くからがんばってきて、やっとわが子のいる保育園にたどり着いてホッとして、一度に力が抜けてしまう。けれど、これから帰って、甘えてくる子どもの相手をしながら、ご飯をつくって食べさせ、お風呂に入れ、洗濯もして……と夜の大奮闘が待っているのだ。「だから、せかさないで、一息入れて帰ってもらいたい」と、その先生は言った。

寒い木枯らしの季節、まっ暗ななか、ぽっかりついた保育園の灯りが、保育園全部が「お帰りなさい、お疲れさん！」と言ってくれているように感じるのだな、と知った。

支える

「そのお母さんは、〝子どもを生んだけれど、触ることができない。気持ち悪くてさわれない〟って言うんです」

全国から保育者たちが集まってくる保育の研究集会で、乳児院に勤める保育士さんが発言した。聞いていた人たちから小さなざわめきが起こった。

「それで、生まれてほんの何日かでその子は乳児院に入ってきました。お母さんは、なんとか自分で育てられるようにならなきゃいけない、と思っていて、面会に来るのだけれど、当然だけれどその子は職員になついていく。それでまた落ち込んでしまう。いろいろ話したりして、できるだけ会いに来てもらっていたら、このあいだ、とうとう指一本でだけれど、わが子に触ることができたんです」

また、会場が小さくどよめいた。詳しい事情はわからないが、なんて切ない話だろう、とそこにいた誰もが思ったであろう、どよめきだった。

この話を聞きながら、私は以前聞いた話を思い出していた。

その子は施設に入ってまだ二年目。やっと四歳。年下のきょうだいがいて、同じ施設に入っている。母親は、乳児を死なせた罪で、服役しているという。

とても活発でよく笑い、よく遊ぶ。ときどきおとなに後ろから抱きついてきて、そして、びっくりするほど強い力で首をしめることがあるのだという。

「この子は母親といっしょに、そのとき現場にいたのだそうです」と、その施設の職員の方が言う。「いわば修羅場を見てしまったのです。いまよりもっと小さかったのですけれど」。あまりのことになんと言ってよいかわからなかった。そんなに幼い子が、想像を絶するような場面で、母親がしていることを見ていた、ということが思い浮かべられない。その子の目になにが映り、どんな思いを抱いてその場にいたのか、その子はいま、なにを覚えていて、なにを知っているのか、あまりに凄惨で、ふるえるような事実だった。

子どもたちには、お母さんは遠いところに仕事に行っているが、終わったら迎えに来ると話しているらしい。下の子は素直に恋しがって母親を待っているようだが、この子はなにか違うらしい。おとなには、その子がなにをどのように理解し、感じているかがわからない。わからないけれど、深い傷があることだけはわかる。それが癒してあげられるものなのかどうかもわからないが、必死に抱きしめている。

冒頭の研究集会では、続いて、仕事をしていないけれど、神経を病んでいるお母さんの話が出ていた。毎晩九時過ぎのお迎えで、人手が足りず、くたくたの保育園の先生たちで話し合って、そのうちの子を、せめて夜八時にはお迎えに来てもらうように話してみようということになった。でも、家庭訪問に行って、保育園の先生はそのことが言い出せずに帰ってきたという。玄関を開けたら足の踏み場もない状態だったそうだが、その子がこのなかをハイハイし、よちよち歩いていると思うと、保育園で預かれるだけ預かってあげたい、と思わずにはいられなかった。子どもも、お母さんも、そしてお父さんも、いま「いいよ」、と預かることでやっと命をつないでいる、という実感があったのだろう。

子どもは幸せに育つ権利がある。一本の指でもわが子に触ることができた母を支え、子どもの深い傷と向き合い、遅いお迎えに、意味を見出すおとなたちの終わらない戦いが、それを支えている。

陽だまりのなかで

春の一日、ずっと行きたいと思っていたある保育園にとうとう行くことができた。ちょっとは時間がかかるけど、そんなに遠くないのに、忙しがっている私は、そのうち、そのうち、と言いながら、なんと一〇年も経ってしまっていた。そして、今回、実行できたのは、我ながらなさけないが、三月でその園は別の場所で認可保育園を受け持つことになって、発展的に閉じることになった、と聞いたからである。

卒園の会も間近で、新しい保育園の開設準備も大詰めにきている忙しいときに悪いなあとは思ったものの、その保育園がなくなる前にどうしても行きたいと思い、前の日にいきなり電話して「明日行ってもいい?」と言ったら、ほんとうに快く「来て!」と言ってくださった。

迎えに来ていただいた車で着いたのは、大きな木や生け垣の間から見える古い民家で、縁側にぽかぽかと春の陽ざしがあたり、水や泥で遊ぶ子どもたちの声が聞こえていた。庭は広く、昔、何かに使われていたらしい倉庫のようなものが隅にまだ残っていて、梅の花は終わっていたが、実の生る木など、たくさん生えていた。

庭に面した縁側は全部、開け放されていて、低い木製の柵がしてあり、よく見ると、柵の間に子どもならもちろん、普通サイズのおとなまでなら通れる大きさのくぐり穴が開いていて、子どもたちが、くるっ、くるっと出たり入ったりして遊んでいた。子どもたちは家のなかで遊ぶ子、庭で遊ぶ子、抱っこされている赤ちゃん、などいろいろで、そこにおとなたちがいっしょにいるのが、まるでおだやかな一枚の絵を見るようだった。

みなさんに歓迎していただいてなかに入り、陽のあたる縁側に座り込んでいると、卒園する数人の子どもたちが周りで蝶になって踊ってくれたり、若いかっこいい先生と一緒にソーラン節を踊ってくれたりした。それも、「もうすぐ卒園の会で踊るからちょっとやってみる?」といった具合で、子どもたちが「やる、やる」と言うのを笑顔で受けて踊りだして、子どももおとなも実に楽しそうだった。

そうこうしているうちにお昼になり、年長さんたちのテーブルに呼んでもらった。そうしたら、四歳児のりくくんが「私と一緒に食べる」と言う。二人で並んで座ると、大きな鉢にいっぱいに盛られた麻婆豆腐やサラダ、きんぴら等は「小皿にとって食べるんだよ」、とまわりの子たちが教えてくれた。私は喜んで食べ始めたが、りくくんは食べない。先生の問いに、りくくんは、「みんなが食べ終わったら食べる」と言った。

年長さんたちは食べるのが早い。どんどん食べ終わって席を立ち、あそびはじめる。それをきまじめな顔でじっと見つめているりくくん。見知らぬ訪問者のとなりで緊張してしまったのかしら？　最後の子が食べ終わり、食器を片づけてあそびに行ってしまうと、おもむろに食べ始めたりくくん。食べるのが遅い私と二人で、大きなテーブルでごはんをゆっくり食べたのだった。

訪問者と一緒に食べると決めたけれど、いつも自分が食べているテーブルではないことへのこだわりが、りくくんをそうさせたのかもしれない。でも、おとなたちが騒がずに私たちを座らせておいてくれたことで、楽しい食事になった。一緒に暮らし、育ち合う、ということを染み込むように感じた、なんともしあわせな体験をした一日だった。

土曜日の保育

保育園は、以前に比べるとずいぶん夜遅くまで開いているようになった。わが子が入園した園は、親と保育者とで運動し、公立としては全国にさきがけて夕方六時半までの保育を実施したばかりだった。

それから三〇年、公立・私立を問わず夕食を食べて夜八時や九時半、一〇時ごろまでやっているところがある。人々全体の働き方が大きく変わり、夜遅くまでの仕事が増えて、その必要に応えるかたちで長時間の保育を実現してきたと言えるだろう。

一方、土曜日の保育はどうだろう？　昔「半ドン」と言っていた土曜日の半日の働き方は減少し、週四〇時間を基本とした場合、土・日は休みになることが一般化してきた。それでも働き方は多様化し、土曜日も働く職種もたくさんあり、それらはたいてい土曜日だからと労働時間が短くなるということがない。つまり、仕事が休みの人は増えているが、同時に長時間働く親も必ずいる、ということだ。

もうひとつ、土曜は休みになったが、半日でも子どもを保育園に頼みたい、という人たちがいる。働く実態がきつく、とくに幼い子がいて、平日、残業などができない人たちは、名目は休みでも、土曜日に持ち帰った仕事をしないと翌週からの仕事がまわらない。また、毎日、子どもに食べさせてお風呂に入れて寝かせるだけで精一杯、という長時間労働で、土曜日、半日でもいいから家事をしたり、自分の用事をしたいという人たちも、子どもを保育園に頼みたい。

保育者と父母を結ぶ雑誌『ちいさいなかま』には、土曜日も仕事で保育所を必要としている人、風呂敷残業や家事や自分の用事でも土曜日に子どもを頼みたい人たちの声がたくさん出ている。

同時に、その雑誌には保育者の声も出ている。少ない人数では、登園する子どもが多くなると対処しきれない。保育園も平日やれない仕事を土曜日にやろうとしたりしているが、予定以上の人数の子どもが来るとそれができなくなる。さらに、週四〇時間を基本とすると、土曜日は輪番で出勤し、それにお金がつかなければ別の日に代休をとることになる。毎週、誰か（何人か）が土曜日に出勤することで、平日、必ずその人数分がどこかで休むので、事実上、平日の人手が減っているのが常態化している。土曜日にたくさんの人を出勤させられない。今度は平日の保育ができなくなるからだ。

その矛盾を少なくするためにはいくつか方法がある。しかし、お金をかけないようにと考えると、子どもに、土曜日はできるだけ登園しないでもらって、保育士の数を少なくするしかない。完全にシャットアウトするには保育園を閉めてしまうことだ。現在でも土曜日は半日や午後三時までで閉めてしまう保育園もある。そこまでいかなくても、保育時間を平日より短くしているところは多い。

この体制では無理ないかもしれない。でも、働きながら、あるいは看病しながら子育てをする人、病気を抱えながら子育てをする人たちにとって、ほかに頼るところがないけれどやっと出会えた場所で、「子どもが来ないほうがよい日が毎週一日ある」なんて、やっぱりおかしい。

親たちの声を聞いていると、土曜日のことが保育園を信頼したい気持ちに刺さった小さなトゲのように思えてくる。保育者たちには、「土曜日くらい、親子でゆったり過ごしてほしい」と言うかわりに、「土曜日も平日も長時間も、保育園に来る子どもを喜んで迎えてあげられるような人員配置を、その予算をいっしょに要求してほしい」、と言ってほしいものだ。

それでも子どもは

ある知的障害児の入所施設の園長先生にうかがった話である。その施設は児童福祉施設といっても、一八歳になっても行くところがない人がほとんどで、三〇歳くらいの人もいるということだった。

「一番小さい人は?」と聞くと、四歳という答え。その子が将来、家に帰る可能性はありますか? との問いにその園長先生は、「まずありません」と即答された。それがあまりにはっきりしていたので、私が思わず「えっ」という顔になったのだろう。園長先生は続けて、「母親も別の施設に入所している人で、父親はわからない。里親も探しているが、知的障害児だとむずかしいので、その子はほかに行くところがないのです」と話してくださった。「ほかにも、親から虐待を受けて、分離しなくては危ないということで入ってきた子もいますが、やはり、家庭に帰ることはむずかしいです」

その子にとっては、おとなが大勢いつもいっしょにいて、それぞれ自分のことで精一杯、職員も、かわいがりたくても、いつも手いっぱいのなかで、限られた空間での暮らしがこれからもずっと続くのだ。それでも、ほかに行くところがない人たちにとって、施設までなくなってしまったら、生きてゆけない。地域に生きていく場所がちゃんと用意できないまま、施設をつぶすことは論外である。


そうした話をうかがっているうちに、ある保育園で聞いた話を思い出した。

ある子どもの家庭が、家賃をずっと払わなかったので、とうとう借りていたアパートを出されてしまったという。

それを保育園が知ったのは、一か月ほど経ってからだった。子どもは毎日元気に保育園に来ていたし、とくに変わった様子もなかったので、気がつかなかったらしい。

偶然、子どもの話のなかで、「いつも車で寝るんだよ」と言っているのを聞いて、どういうこと？　と不思議に思った保育士さんが園長先生に話し、園長先生がお迎えに来るおばあちゃんに聞いたところ、住むところがなくなってしまったので、車で暮らしているということがわかったのだった。

夜になると、トイレや水道のある公園を選んで、その脇に車を止め、おじいちゃん、おばあちゃん、お父さん、おじさんと子どもたちが、二台の車の中で寝るのだそうである。借金がたくさんあって、家賃も払えず、新しくアパートを借りるのも、お金がなくてできないということだった。

このままではいけないと、保育園と役所と児童相談所が連絡を取り合い、なんとか親たちを説得して子どもたちを児童相談所に一時保護したという。父親は、車でも雨風はしのげるし、食べ物は、買ってくればなんとかなるし、保育園に通っていれば給食やおやつも食べられるし……と、いまのままでも子どもはなんとか育てられると保護をしぶったらしい。たしかにいま、子どもたちは元気だが、住所不定のままでこの家族が病気になったらどうするのか、子どもの学校はどうなるのか、など危うさは目に見えている。

どんなにたいへんな状況でも、子どもはそのなかで生きていくしかない。社会の矛盾の縮図を直接その幼い肩に背負って、である。今、おとなであるのに、自分はその子たちのことを胸に刻み込むことしかできない。

厳しさに立ちつくす

いくつかの保育園で立て続けに聞いた子育て家庭の生活の話である。

あるお母さんは、一人で子どもを育てているが、仕事は時給計算のパートしかなく、とても生活していけない。昼間だと時給が安いため、夜、子どもを寝かせてから週に二、三回、パブにも勤めるようになった。パブでは、お酒も付き合って飲まなくてはいけないし、家に戻るのが明け方になることも多い。帰り着くとバタンと寝てしまう。

それでも、そこは毎日働いた分の時給をその日に現金でくれるということで、毎晩働くようになると、とても昼間は疲れて働けない。昼間のパートをやめて夜だけ働くようになり、朝から寝るため、子どもをなかなか保育園に連れてくることができなくなった。

別のお母さんは、昼間のパートの仕事だけでは生活が苦しく、朝五時から七時までの二時間、別のアルバイトを始めた。戻ってきてから夫や学校に行く子どもたちを送り出し、保育園に下の子を送ってきてパートに行く。でも、子どもたちの気持ちが目に見えて不安定になり、しばらくやって、とうとう早朝パートは断念したという。

さらに、子育てのひろばのようなところにきているお母さんが、最近、夜九時に夫とタッチして深夜のパートに出て、夜中の一時まで働いていると話してくれたと言う。子どもが小さいので、昼間はパートに出られない。どこかに預ければお金がかかってしまう。家計のために働くには、この方法がいまは一番、ということである。

私は以前住んでいた賃貸の団地で、主婦の人たちが夜中の二時頃、おおぜい出て行き、裏にある弁当屋の工場で朝六時まで働いていたことを思い出した。この時間なら寝てはいるけれど夫がいるので、小さい子どもがいても出かけられる。子どもの幼稚園や学校の行事などにも行けるし、保育園のようなところに入れたら、保育料でせっかくのパート代がなくなってしまう。その話を自分の住む団地の人から聞いたとき、赤ちゃんや、一、二歳の子を保育園に入れられるのは、専門職とかでちゃんと月給もらっているお母さんのうちだけでしょ、と言われた。子どもの学費のことを考えて、夜中の時間をもっと長くしたいと言っている中学生のお母さんもいた。

私の家の最寄り駅の小さな広場で、路上生活をしている人がいる。たまにいないことがあるが、駅前の交番とコンビニエンスストアの真ん前に、いつも一二個くらい（それとなく数えさせて頂いた）のビニールの袋をまわりに置き、寒い今は頭から毛布をすっぽりかぶってうずくまっている。

先日、夜の一〇時頃だったろうか、私が駅から出て家の方向に向かって歩き出し、その人のそばを通ったすぐあと、私とすれちがった四〇歳前後かと思われる男性が、行き過ぎながら、路上のその人をいきなり、思いきり蹴飛ばした。私は思わず息を呑んで立ち止まった。もう一度、蹴ったらどうしよう、と思ったが、その男性はそのまま駅の階段を急ぐでもなく登って行き、蹴られた人は毛布から顔を出して、しばらく様子をうかがうようにしていた。私はただ動けなくなっていた。腹も立ったが、自分もなさけなかった。

どうしてこんなに生活していくのが大変なのだろう。子どもを育てながら生きていくのに、どうしてこんなにギリギリと身を削らなくてはならないのだろう。そして、その大変さをわかり合うのがどうしてこんなに難しいのだろう。立ちすくんでいるだけではダメなのはわかっているのに、確かな一歩がなかなか出せない我が身がもどかしい。

学生たちの未来

若い人たちの就職難がますます厳しさを増しているというニュースが駆けめぐるなか、保育現場からは、募集しても必ずしも学生が応募してこないという訴えもある。保育士を養成しているいくつかの大学で教員をしている人たちと話していて、いまの学生の状況がさらに浮き彫りになった。

ある学生は、保育士の資格をとり保育や福祉に関心を持っているが、就職は小さな企業に決まったそうである。「なぜ、たくさん求人が来ている保育所などに就職しないのか?」と尋ねると、「給料が安いから就職できない」という答えだったという。まあ、そう言われればそのとおりだし、学生も自立していくためには仕方がないかな、とがっかりしながらも思った、とその先生は言う。しかし、それにはもっと切実な事情があった。

その先生によると、その学生は実家から遠く、したがって下宿して大学に通っていた。そして、授業料も自分でなんとかしなくてはならない。そのため、奨学金を申し込み、毎月一〇万円の奨学金を受けていた。それにアルバイトを加えると、授業料を納めても月々なんとか生活していけた。ところが、卒業すると、こんどは奨学金の返済が始まる。四年間で四八〇万円借り、利子がついて六〇〇万円を二〇年間で返さなければならないそうだ。実家のほうでは就職がないので、大学のある都市で見つけた就職だった。引き続き、家賃などを払ってのひとり暮らしでお金がかかる。そのうえ「奨学金」という利子のつくローンの返済に毎月追われることがはじめからわかっている。だから、低賃金のところではダメなのだ。

また、別の学生は新聞奨学生で、授業料は支払ってもらえるが、毎朝二時から六時すぎまで仕事をしている。はじめは夕刊も配るということだったが、授業の三分の一くらいが受けられなくなるので途中で朝刊だけにしてもらったそうだ。そうすると、当然もらえるお金も減る。午後六時ごろその日の授業が終わって朝の二時には起きて仕事をはじめなくてはならない。まっすぐアパートに帰って洗濯や食事をしたら寝る時間がもう少ししか残っていない。自分で本を読む時間もほっとする時間も友だちとつき合う時間もなにもない。でもやめるとその年の授業料も住むところもなくなるのでやめられない。その学生は入学金等を親に返済中だということだそうである。なんとか福祉の仕事につきたいが、やはりお金の問題で悩んでいるということだ。

話し合えばあうほど、大学でせっかく学んでも、就職を決めるときにお金を第一優先で、違う職種でもどんどん選んでいくなんて、と学生に失望するのは間違っていることがよくわかる。間違っているのは、高い授業料であり、高い生活費であり、利子まで付けて返済をせまる「奨学金」であり、そして保育・福祉の世界の低賃金である。彼らはこれからの生活に期待や希望が描けない。でも、ここで自棄になってもなにも解決しないことを知っているから淡々と自らが選んだように振る舞い、小さな気晴らしでよしとするしかない。

そして、だから保育や福祉の現場に新卒者が来ないのだ。彼らに私たちおとなはなんと言って励ますことができるのだろう?

保育園の運営主体が変わるとき、子どもたちは

ある公立保育園が民営化されることになった。民営化とは、行政が保育にかけるお金を少しでも減らすために考え出されたもので、公立保育所の運営主体を民間に委託することの総称である。すっかり渡してしまう方法や、役所が指定した民間に運営をさせ、何年かに一度検討して指定先を替えることのできるようになっている制度など、いろいろあるが、ここでは運営主体が変わってしまうとき、その当事者となってしまった子どもたちやおとなたちのことを取り上げたい。

強い反対運動にもかかわらず、また待機児童が多くいるにもかかわらず、その市は、公立保育園をなくして、近くに新築した保育園を民間に託す決定をした。普通に考えれば、古い公立保育園を存続しつつ、新しい保育園を民間の運営で開園すれば、待機児童の解消に大きく貢献

できたし、誰も困る人はいなかったはずなのに、強引に公立保育園を閉じてしまったのである。

決まってから、当事者となった職員と親たちは、四月一日から園舎も保育者も運営もすべてガラッと変わってしまうことで、どれだけ子どもがショックをうけるかを考え、少しでもその衝撃を少なくするにはどうしたらよいかを必死で模索し始めた。

急激に大きく変わることを避けようと、クラスの組み方、クラスや部屋の呼び名、子ども一人ひとりのマークなど、新しい保育園にも同じものを用意した。行事のやり方なども同じようにしようと引き継ぎをした。そして、なにより子どもたちと知り合い、信頼関係を少しでもつくるために、一月から三月まで、新しい担任予定者がクラスに入り、いっしょに保育した。一人ひとりを理解するためにどんな話し合いをしているのかを知ってもらうために、会議に新しい担任予定の職員に参加してもらったりもした。受託する園の職員ももちろんその当事者である。意に反して子どもたちを渡さなくてはならない辛さを越えて、公立保育園の先生たちは新しい園の職員に子どものことをわかってもらおうと必死に取り組んだ。受託する新しい職員も緊張の日々のなかでがんばった。

それでも、引き継ぎが本格的に始まる前から、四歳のさきちゃんは円形脱毛になった。三月、引っ越しのことを子どもたちに話したときには四歳児のあかりちゃんは、家に帰ってお母さんに、自分は担任の先生が大好きなのに、先生はあかりたちのことを嫌いだからいっしょに来ないんだと先生のことを怒っていて、何日も先生と口をきかなかった。お母さんは、先生があかりちゃんやみんなを嫌いになったからでなく、仕事で他の保育園にいくように言われたからいかなくちゃいけないんだということを説明した。あかりちゃんの怒りは「保育園の社長さん」に向けられ、自分が嫌われたのではないとホッとしたりもした。新しい保育園に移って半年たっても、前のアルバムを見てからでないと保育園に行かれない五歳児がでたり、どうしても前の担任の先生に抱きしめてほしいと言われて、親がその先生の異動先の保育園に子どもを連れてきたりもした。親たちも辛かった。

子どもたちはただ寂しかったのではない。起こった出来事の理不尽さに納得できず、その激変に傷ついていたのだ。どうしてこんなふうに変わらなければならなかったのか、納得のいく説明を求めていた。この事実から逃げられない子どもたちのそうした思いを、おとなたちは真摯に受けとめ、理解し、応えていかなければならない。そして、ほんとうにそれをまっとうするには、そこにかかわるおとなたちが、自分たちも苦しんだこのことが民営化という政策の本質であることを共有し、子どもを守るために連帯することしかないのだと思う。

被災地から

二〇一一年三月一一日に起きた大地震、そして東北から北関東の太平洋岸を襲った大津波。あまりの光景にテレビの画面に釘付けになってしまった。この大惨事にただ呆然としながら、福島や宮城、岩手の保育園の先生たちの顔が浮かんだ。無事でいてほしい、と願うばかりだった。

一週間以上たって、全国保育団体連絡会の方から、知り合いの先生たちの無事を教えていただき、正直ほっとした。知っている方たちの無事を喜びながら、それに罪悪感を感じてしまうほど、今回の犠牲は大きすぎる。そしていま原子力発電所の事故が、全体像が明らかにされないまま不気味に進行している。

無事を喜んだ保育園関係の方のお一人から、様子を伺うことができた。

その街の海岸に一番近い保育所は、津波によって全壊したが、四〇人ほどの園児をはじめ、全員が高台に避難して無事だったという。いつも、海岸での磯あそびと、裏の山を登っての高台の公園でのあそびをたっぷりしていて、ちゃんと避難できたのだそうだ。

もう一つの保育園では、建物は残ったが、中はすべて波にさらわれて空っぽになったという。その園も避難して、そのときいた園児と職員は全員無事だったのだそうだが、たまたまその日、早くお迎えに来て帰って行った園児とおばあさんが流されてしまったという。

連絡してくださったその方の家は高台にあり、町の人たちが逃げてきた場所だったという。そのまま帰れなくなり困った人たちを一〇人くらい、家に入ってもらって一晩泊めたりもしたそうである。彼女が積極的に動いて連絡をとってくれたおかげで、安否を心配していた全国の仲間にその地域の保育園の仲間の無事が伝わった。

首都圏ではあの日、電車はほとんどすべて止まり、帰宅難民といわれる人たちが駅やその周辺を埋め尽くした。そして夜になっても、自宅へと幹線道路沿いに歩き続ける人の波と、こんな裏道まで、と思うような車の大渋滞を引き起こした。あちこちの保育園でお迎えに来られない保護者を待って深夜まで保育がなされ、子どもたちを安全に保護していた。そして、帰れなくなった職員が園に泊まったりもした、という話があちこちで聞かれた。

他にも、被災した多くの保育園で、職員が子どもたちを守って避難している。まさに体を張って子どもの命を守ってがんばっている。保育園は子どもたちにとって、子育て中の保護者にとって、ほんとうに命を守る砦だ、とあらためて思う。

先に紹介した地域では、しばらく休園していた保育園が再開されたが、原発事故の子どもへの影響を心配して遠くに避難している人も多く、登園してきた子どもの数は三分の一にも満たない状況だという。いくら国が安全だと言っても信用できないので、みんな少しでも遠くにと避難しているらしい。せっかくあの大きな地震や津波から園児たちを守りきっても、それだけ責任感と力をもっている保育園の職員が守りきれないものとして、放射能が復興を妨げている。「みんながんばっているのに、原発の事故のことがくやしい」とその思いを告げたあと、冒頭の彼女は、「子どもたちの未来のためにみんながんばるから！」といつもの明るい声で言った。

福島のつどい

今年も、福島の保育・子育てのつどいに参加した。三〇回目になるこのつどいは、今年、大震災と、それによる放射能汚染により開催が不可能かとも検討されたそうだ。でも、こんなときだからやろうということになり、これまでの二日間の泊りがけではなく、日曜日一日だけで、保育園を使っての開催にこぎつけた。私もいつもの保育者の方たちの、疲れているだろうにがんばる笑顔と会えて思わず涙が出た。

午前中の分科会で、若いご夫婦が、はじめての子育てで、子どもになにをどうやって食べさせたら、すこしでも放射能の内部被爆を押さえられるのかが知りたいと話していらした。みんな、そうした思いで三月一一日以来、休まるときのない状況のなかで、それでも、だから今こそつながろうと集まっていた。

参加者に配られるその日の提案や予定などの書かれた手づくりのパンフレットに、つどい実行委員会代表の大宮勇雄さん（福島大学）のごあいさつが載っている。ぜひ、みなさんにご紹介したく、大宮さんの許可を得て、ここに部分であるが掲載させていただく。

『……ほんとうにようこそいらっしゃいました。三月一一日以来、お一人おひとりが、言い尽くせないような悲しみ、恐怖、不安のなかを生きてこられたことと思います。ご無事でなによりでした。

今もなお私たちは、いつ収束するともしれぬ原発事故による放射能災害のまっただ中にいます。生活や仕事においても、保育や子育てにおいても、先の見通せない不安と苦悩の中で、強い緊張感で自分を支えながら、必死にこらえて今を生きておられることと思います。

そして、子どもたちもまた、この大震災の中を生きています。みなさんの身近にいる子どもたちは、今、どのように暮らし、日々を生きていますか。

よく、子どもたちの「心のケア」が大事だといいます。そうは思いますが、しかし同時に、子どもたちはそれほど弱々しい存在ではない、と思うこともしばしばです。（中略）

放射能のために、外で遊んではいけない、食べ物や水にも注意しなくてはならない、そうしないと病気になってしまう危険があると、おとなたちが心配するのを見聞きして、子どもたちは自分の健康や安全をどうやったら守っていけるのかと思っていることでしょう。
自分たちにもわかるように、自分たちが何をしたらいいかをしっかり教えてほしいと心から願っていることでしょう。（中略）
私たちが子どもたちを育てているのと同じように、子どもたちは私たちを励まし味方しています。そうした子どもの思いに応える保育を、子育てを、私たちはしていかなくてはなりません。（後略）
今回の原発事故で学んだことですが、ほんとうのことは自分で知ろうとしないと見えてきません。ぜひみなさん、新システムの中身がどんなものなのかよく見て、そして声を出していきましょう。子どもたちの「今」が豊かで幸せなものかどうか、それがこの国の将来の姿です。』
自分にはなにもできないかもしれない。でもどんなかたちでもいい。つないだ手は離すまい、と思う。

願いよ届け

今年も第三一回福島保育・子育てのつどいに参加した。昨年は日曜日一日だけ、保育園を使って、それでもどうしても集まろう！　と無理を押しての貴重な開催であったが、今年は一泊二日で思う存分、お互いの近況を尋ね合い、語り合い、学習し、連帯を深めるものになった。

この日に間に合うように「福島の保育」第一三号が刷り上がってきた。

その冊子の最初のところに、三月一一日のあと、原発事故によって放射能に汚染され、そうしたなかで子どもたちの生活がどのようになっているのか、その様子と気持ちが率直に語られているので、ここに紹介したい。

『靴を履いて外を歩く経験もままならないままに、新しい靴がサイズアウトしてしまいます。探索活動をしながら自分で歩きたいけれど、転んだら手に砂がついてしまうので、おとなは手

を離せません。砂にはセシウムを多く吸収するから触らせたくないという保護者の方は多いのです。』（〇歳児担当保育士）

歩けるようになったことがうれしくて買ってあげた靴が、新しいまま使えないでいるうちに子どもの足は大きくなり、その靴はもう履けなくなってしまっているということだ。

『生まれてから一度も外で遊んでいないということなんだと思うとき、そしてそれは人災によって引き起こされたものだと思うとき、やりきれなく、申し訳なく、悲しみでいっぱいになります。』と福島の先生は書いていらっしゃる。

また、こんなことも書かれている。『震災前は保育士が「お外に行くよ」「お散歩に行こう」と誘うと一目散に玄関に走っていき、靴を履いたのに、震災後、同じ言葉でさそっても玄関に走っていく子は一人もいませんでした。子どもたちなりに〝お外には行けない〟ということを理解していて「お散歩に行こう」は一〇〇パーセントごっこあそびだとわかっていたからです。こんな子どもたちの姿に驚いて、むなしく、悔しくなりました。』（二歳児クラス担当保育士）

さらに、こんな話もある。『石の下にダンゴムシがいることを子どもたちは知っています。石に触ってはいけないことになっているので、足で石を動かします。ダンゴムシは見つかりましたが、触ることはできません。「ほうしゃのうだから？」と子どもたちは言います。』（三歳

児担当保育士）

でも、『子どもたちはやられっぱなしではありません。放射能に萎縮しているだけでもありません。』とも書かれている。石を手で触ってはいけないのなら、靴で触ってダンゴムシを見つける子どもたち。散歩にいけなくても散歩ごっこで遊ぶ子どもたちのなかに、あきらめたのではなく、あきらめない明るさ、いろいろためしてみるたくましさを見ているのである。そして、『そういう子どもたちとともにあることで私たちは励まされています。子どもたちの今が、幸せな、笑顔あふれる今であることが私たちにとってなくてはならないものだったのだと、今更ながら痛感します。だから、子どもたちとともに歩みたい、当たり前の子ども時代を取り戻さなくては申し訳ないと思います。』

このりりしくも粘り強い地道な努力に対して自分は何ができるのか、なかなか見つからない。でもこのときにも全国の保育園からどんぐりが送られてきていた。ダンゴムシを送ってくれた保育園もあったそうだ。子どもと暮らしているからこそできることが次々見つかるのかもしれない。できたら、この貴重な「福島の保育」をみなさんにもぜひ読んでいただきたい。

私の道しるべ

見えない小さい人

幼い頃、我が家に木でできた箱型（電子レンジくらいの大きさだったかもしれない）のラジオがあった。昭和二〇年代のことである。大きな木箱のこのラジオは、うしろ側は蓋がされていなくて、透明なガラスでできたランプみたいな真空管（らしいもの）が何本か立っていたように記憶している。

ラジオから人の声が聞こえてくるのだが、当時の私は、その木箱の中に小さな人が入ってていてしゃべっているのだとなぜか信じていた。何人かの声が聞こえるときは何人もの小さな人が箱の中に出てきているのだと思っていた。そして、何度もラジオのうしろをのぞいてみるのだが、人は見つけられない。きっと、こちらがのぞくのを察知してかくれてしまうのだろうと考え、そうっと近づいて、急にぱっと見たり、なんとか見ようとするのだが当然のことだが見ることができない。いくつぐらいのことだったのかわからないが、一人で確信していて、本気でラジオの中の小さい人を実際に見たい、とがんばっていた。誰かにこのことを話したりした記憶はないが、黙って一人でのぞき方を工夫してみたりしてドキドキしながらのぞいていたことははっきり覚えている。

コロボックルや「床下の小人たち」などのお話に親しんで想像して楽しむようになるのはそれよりだいぶあとで、「いたらいいな」とは思ったが、本気で小さい人たちが存在するとはもう思っていなかった。

また、夜寝るとき、カーテンなどがちょっとでも開いていると、外からなにかが自分を見つけてしまう、ととても怖がったそうである。こちらのほうは母親がよく覚えていて、ちょっとのすきまもないようにカーテンをぴっちり閉めないと安心して眠れないような時期があったと言われた。それで、二段ベッドに、寝台車のようにさらにカーテンをつけ、寝るときにそれも目いっぱい閉めて寝ていた。私が寝るとき、そんな私のために、母はカーテンを閉めなおしに必ず一度は来てくれた。年長クラスの頃のことである。

二段ベッドで、上の段には姉がいたはずなのに、ひとりで怖いと思っていた記憶しかない。新しい家に引っ越して、それまでは一部屋でみんなで寝ていたのにそうでなくなったのが寂しくて不安だったのかもしれない。そうした世界はいつのまにか消えていった。いつから、そう思わなくなったのか、その境目はまったく覚えていない。

母が危篤になって、また意識がもどってきた最後の一か月、姉と病院に寝泊りしていたが、母が、「眠ると魑魅魍魎《ちみもうりょう》が出てきて怖い」と言った。気管切開をしていたため筆談しかできなくなっていたのだが、〝魑魅魍魎〟というむずかしい漢字を書いたことも驚いたが、そうしたことを少しも怖がらないように見えていた母が「怖い」と言ったことにもちょっとびっくりした。

幼い頃はみんなそうした世界にいて、幼いながらも本気で不思議がったり怖いのをがまんしたりしているのかもしれない。おとながそうした世界を微笑ましいとみるのは、うまく説明できないが、なんだか子どもに失礼な気がする。

食べる速度

自慢ではないが、私は食べるのが遅い。一番小さいときの記憶は幼稚園の頃、朝ご飯がなかなか食べ終わらなくて、よく遅刻しそうになったことと、やはり幼稚園で、おしゃべりに夢中でお弁当を食べるのが遅くなり、先生に叱られて泣いている二人の友だちを見ながら、いつもなら自分のほうが遅いのに、となんだかほっとしながらその場面を見ていたことである。

学校にあがると、朝、担任の先生は、おはようのかわりにいつも私には「朝ごはん、ちゃんと食べてきたか?」と聞いた。我が家は、遅れても、ご飯は食べよう、といった雰囲気だったので、食べないことはなかったが、口に詰め込んだまま、なかなか飲み込めないで靴を履いていたのを覚えている。

そして、小学校には給食がある。当時は残してはいけない、とはっきりしていた。さらに、先生によっては全員そろってごちそうさまをするのである。食べるのが遅い私にとっては苦痛の日々であった。食べきれないけれど、残してもいけない……ひたすら必死にもくもくと食べ続け、献立によっては遅いながらも全部食べきり、日によってはコッペパンのかたまりをこっそり隠してランドセルにじかに押し込んだ。家に帰ると、そのパンは教科書などに潰されて、ぺちゃんこになっていてとても食べられたものではなかったし、本やノートの間にパンくずがはさまっていた。

全員そろってのごちそうさまだったりすると、まわりから、「早く食べろ!」と催促された。お昼のあそぶ時間がそれだけ少なくなってしまうから当然である。嫌いなものが多かったわけではない。とにかく時間がかかるのである。

ただ、家では、もっと早く食べなさい、と叱られた記憶はまったくない。サラリーマンではなく、絵描きだった父親中心の生活は、時間の流れが違っていたのかも知れない。食べることは好きであった。

学生時代は、いっしょに生協食堂などに行くと、私だけがみんなより遅れてしまう。見ているとイライラするねえ、こののんびりペース、と言われたこともあった。

保育園の方たちとつき合い始めると、保育園の先生は、みんな、「職業病のひとつです、こんなに早飯食いになったのは」とフォローしてくださる。そこでも私は取り残される。

この冬、入学試験の仕事の際に午後の部が始まる直前、「あと五分あるからお弁当食べてしまおう」という同僚がいた。見ていると、ほんとうに、五口か六口くらいで、ぱくぱくと折り詰め弁当を食べてしまった。お茶を一口飲んで、呆然とそれを見ている私になんでもないように、「さあ、行きましょう」と声をかけてきた。中堅で活躍している研究者であるが、ほんとうにあんなスピードで食べられる人がいるのだ、とショックを受けた。

お昼が忙しすぎて、私は弁当を食べはぐることが多いのだが、先日、午後ずーっと授業が続き、おなかがすいたなあと思って、六時から夜の九時一〇分までの授業の始まるときにお昼の弁当を開け、食べ始めたが、二口くらいで時間切れになり、また、蓋をして授業に行った。そして、突然、入試の日の出来事を思い出したのである。

こんなふうに、お昼のお弁当を食べる時間が確保できなくても平気になって、合間に飲み込むように食事をする日常をこなさなければやっていけない働き方っておかしい。こんなことが「当たり前のペース」になってたまるか！　五分で折り詰めを平らげる人にはならないぞ！（なれないが）とへんに力んでいる。

計画だおれ

夏休みの時期になると、計画表が思い出される。たくさんある宿題をきちんと終わらせていくために、毎日、すこしずつ勉強して、夏休みの終わりのほうでは全部終わっているように、ノートに定規できちんと線を引いて、日付の入った時間割のようなものをつくり、書き込んだら色鉛筆で色を塗る。完成すると、とてもきれいで、満足する。夏休み、冬休み、春休み、と、休みのたびにこれをつくるのは楽しみだった（ご想像のとおり、小学生のころから、守れたことはなかったが）。

夏休みの宿題は、計画表の初めの日から予定どおりには進まず、そのうち、計画表の存在を忘れ、結局、八月三一日に夜を徹してがんばる、といったかたちで終わるのが常だった。

八月三一日の真夜中に、薄暗い電灯の下で絵を描いていたときの自分がはっきりと思い出せる。子ども心に、絵って、こんな夜中に薄暗いところで描くものじゃないよなあ、と思っていた覚えがある。

（もちろん、当時、親に泣きついたり手伝ってもらったりした覚えはない。子どもの暮らしとおとなの暮らしは宿題というところでは完全にわかれていた。親は親で生活するのに精一杯で、宿題というものは子どものもので親には関係ない、という気風が定着している家だったと思う。それはとくに教育的配慮からくるのではなく、ついでに言えば、おそらく絵描きの父は子どもたちが何年生なのか、正確には覚えていなかったと思う）。

ここでのラストスパートがなかなかすごくて、自分でも感心するくらいがんばったのがきっといけなかったのだろう。おとなになってからも、このパターンで仕事をするくせがしっかりついて、それが八月三一日に間に合わないのが普通になり、最後はもう後がない！　というところで「突貫工事」をやる、というパターンが私のなかに定着してしまった。

そんなふうに自分を客観視するようになっても、あの、計画表への誘惑（！）は消えない。

現在は、山ほどの積み残しにあっぷあっぷしながら目の前の予定をクリアするだけでへとへとになっている毎日であるが、今でも、時間がないときに限って、時間の使い方についての本などを繰り返し読んではノートに定規で線を何本も引いて予定を書き込み、マーカーや何色かあるボールペンで予定を書き出してみるのがやめられない。三〇センチの定規やカラフルなボールペンなどを見るとわくわくしてしまう。

そして、見ればため息がでるほどたくさんの積み残した仕事を書き出しているにもかかわらず、そこでめげずに、絶対に無理とわかるような計画を懲りずにつくってはカラフルに色分けし、そして満足してノートを閉じ、計画は忘れられてしまう。そんな自分をもちろん情けないと思うのだが、やめられない。ついホラをふいて人をだましてしまう人の心境に、これは近いかもしれないなあ（自分にホラふいてるようなものだから）と思いつつ、ふいに、あとに積み残していったら最後にとうとうやりきれずに残るものが出てくるはずだ、と思った。順番を変えてでも、自分としてやり残したくないものに着手しないとダメだ。きっと、これは、計画表をつくってはいけない計画にちがいない。表に色を塗って満足して忘れてしまっては困るからである。

白いブラウス

私が中学三年の春だったと思う。スポーツのクラブ活動に夢中だった私の中学生活にも高校受験がかぶさり始め、団塊の世代である私たちは、激しい受験競争にさらされて不安が増していた。

当時、三つ上の姉は進学校の高校三年で、私と違ってスポーツではなく、文学好きで、本をたくさん読み、もともと本の大好きな母親と始終本の話をしていた。別に、私を邪魔者にしていたわけではなかったが、そのふたりの会話に入れないのが寂しく、私はなんとなく孤立感を深めてしまっていた。

その頃、中学校に来ていた教育実習生のなかに小柄でおとなしい女の先生がいた。教育実習生はとてもたくさん来るので、生意気盛りの私たちは、授業の内容によってはつめよって実習生を困らせたりしていたのだが、その先生はこつこつと、地道に、そしてていねいに私たちに対応してくれた。

はじめは影が薄かったのだが、何週間かの間に、私たちはいろいろ素直に話を聞いてもらったり質問したりするようになっていた。多感で気難しい時期の私たちと、彼女がどんな気持ちで過ごしていたのかはわからないが、恐れてもいないし、下心（？）を感じさせるような強い笑顔も見せず、静かな顔で、私たちの話を聞いてくれていたように思う。大学生とはこんなにも確かなおとなになることなのだと思わせる先生だった。

その先生は、いつも地味な格好をしていたが、前の小さなボタンの間にやはり小さな紺色の小花の刺しゅうのついた白い綿ローンのブラウスをよく着ていた。

ある休日、母と連れ立って街に買い物にいったとき、布を売っているお店にその先生が着ていたのとよく似たブラウスが飾ってあるのを偶然見つけた。違うのは小花の刺しゅうが、紺色でなく、淡いピンクやクリームの花と緑の葉っぱになっていたことだった。そして、それはほんとうに可憐できれいだった。

私が驚いたので母が振り返った。私は服を買ってとねだる子どもではなかったと思う。そんな経済的余裕はなかった。私は母に、教育実習の先生が着ていたのと刺しゅうの色が違うだけで同じブラウスがあったことを説明した。そして、その美しいブラウスをもう一度よく見て、ひそかに別れを惜しんだ。

二、三日経って、母が、「この間のブラウス、買ってきたよ」とそのブラウスを差し出したとき、私はほんとうに驚いて、母の顔をみた。「お金、いいの?」母はそれには答えず、その刺しゅう、かわいいね、と言った。

ひとこともいいなあとか、ほしいとかは言わなかったはずなのに、ただ、通り過ぎただけだったのに、よほどそういう顔を私はしていたのだろうか? ちょっとは決断のいる買い物なのに、私に問いもせずに買ってきてくれた母親に心のなかを見透かされた恥ずかしさと、そして、できるなら叶えてあげようとする母の思いを感じた。いま思い出しても、どうして私の気持ちがそこまでわかったのだろう、と不思議に思う。きっと、私の感じていた家での孤立感や、不安、もうすぐ一五歳になる私の苛立ちのようなものを母は母なりに気にしていたのだろう。

そのときの驚きとうれしさはいまでも鮮明に覚えている。その白いブラウスは、つつましいやさしさで、一五歳の私にも二五歳の私にも三〇を過ぎた私にもよく似合った。そして忘れられない思い出になった。

一途な願い

その頃、父は、何度かの脳梗塞の発作により、ほとんど動けなくなっていた。同居して、三つくらいの有償ボランティア団体にお願いしてシフトを組み、月曜から金曜まで毎日、九時から夕方の五時まで来てもらっていた。そして、朝食は私が用意して食べさせ、昼食と夕食（ちょっと時間は早いのだが）はその方たちにお願いしていた。メンバーは家庭の主婦で、子どもも大きくなったので、すこしは介護のお手伝いをしようという方が多く、みなさんまめに動き、父にもやさしかった。

毎日、どの人も、父に「どんなものが食べたいですか？」と聞いてくれる。そのたびに父は、鰻と刺身と天ぷら、と答えるらしい。お願いするために置いてある財布で、ヘルパーさんたちは、父を喜ばせようと、できるだけその要望に応えた食事を用意してくれる。

連絡用のノートやおかずの残りなどからそれをキャッチするたびに、心の狭い私は、「えーっ、また鰻とお刺身、食べたの！　鰻なんて私たちは年に一度くらいしか食べないのに……」などとぶつぶつ思いながら、「野菜などもできるだけ食べさせてくださいね」とノートでお願いするのだった。

もうひとつ、父が毎日必ず要求するのがお酒であった。とびきり酒豪というわけではなかったと思うが、父はお酒が大好きだった。

若い頃は、夕食に家ですこし飲んでから夜の街に出かけ、映画をみたり、友だちと酒を飲んだりし、ときには飲み屋で意気投合した見知らぬ人を家に連れてきて続きを飲むこともあった。また、酔っ払って自分の家のある駅に降りたところでホームの植え込みで寝込んでしまい、自分の描いた掛け軸を夜露に濡らしてだめにしてしまったりといった武勇伝もいくつかあった。

しかし、一定の年齢からは、おいしい肴で何時間も晩酌するのが常であった。途中でいねむりなどして、われわれ子どもたちもいっしょの晩ご飯になる頃、また目を覚ましてご飯を食べるのである。いまから考えると、四時や五時から晩酌を始める父のために支度をし、そのあと家族の食事をつくるのは、母にとってはたいへんだったと思う。

主治医は、そんなに好きなら毎日日本酒一合までならよいと言ってくれていたが、いつももっと飲みたいとごねていた。ベッドのまわりや布団の中にお酒を隠しても、もちろんすぐに発見された。

ある晩、いつになく、水が飲みたいと、夜なんども私を呼ぶ。水分をとることはよいことなので、ベッドの脇においてある吸い飲みで飲ませてあげるのだが、何度めかに吸い飲みのにおいを嗅いで驚いた。なかに入っていたのは、水ではなく、お酒だったのである。

自分ではできないのだから、来てくれているどの人かに頼みこんで、吸い飲みのなかに日本酒を入れてもらったのだろう。夜、スタンドの明かりくらいでは、見ての判別はつかない。ただ、においは消せなかったから、ばれてしまったということだ。

私に叱られて、父はちょっと神妙な顔をしていたが、私には、こんどはどうやってうまく隠れて酒が飲めるかを考えているようにも見えた。

今回ばかりは、日頃、父のわがままを怒っていた私も苦笑するしかなかった。一途な願いがさまざまな工夫を産む。人の力の源をこんな形で見せてもらうとは思っても見なかった。

恩師に教わったこと

私には、ぴったりついて学問の手ほどきを受けた先生というものが大学にはいない。マンモス大学で、学生数が当時で四万人といわれたキャンパスは、まるでひとつの街のようで、キャンパスに立っても行き交う人たちは当然知らない顔ばかり。高校までと違って、授業に出るも出ないも自分次第という開放感とともに、誰も自分の心配はしてくれない。たとえば単位を落としても誰も「気をつけて！」と言ってくれないという不安も大きかった。

第一、数百人で聞く授業は、自分が学ぶ主体であるとはなかなか気づけないほど遠くにあった。いわゆる「その他大勢」と自分を位置づけていた学生の私にとって、何かの学問を学ぶということはこのなかでどうやっていけばよいのかまったく見当もつかない、というのが正直なところであったと思う。

その意識はほとんど変わらないまま、学問とは違うことに熱中して年月がすぎ、四年生で、卒業論文を書かなくてはならなくなった。困った私は大学も違うのに勝手に師と仰いでいた保育問題研究会の乾孝先生に手紙を書き、初めて会い、相談した。

乾先生は困ったのだろう、研究会仲間の研究所勤務の先生を紹介してくれた。のちに乾先生が「保育研究とは、論文のテーマ探しに現場が使われることとは違う」と何かに書かれているのをみつけ、赤面した（乾先生は私には一言もそんなこと言わなかったけれど）。

そして、研究所の先生は、ご自分がかかわっていた自閉的な子どものケースに私もいっしょにかかわらせてくださって、なんとか卒業論文にまとめることができた。その後もアルバイトや三歳児幼児教室の研究、二歳児のグループ活動の研究など、声をかけてくださった。論文はどう書くのか、あとにも先にもこの先生に教わったのが私の唯一の論文修行である。

しかし、その先生に教わったことはそれだけではない。お酒が大好きだった先生は、研究所の冷蔵庫にいつもビールや日本酒などを入れていて、五時までは普通に勉強しているのだが、夕方、おおかたの先生たちが帰ってしまうと、そのときを待って、残っていた一人か二人の先生たちと酒盛りを始める（ずいぶん訓練してもらって私にわかったことは、私はアルコールがダメだということであったが）。

その先生は定年退職後、あっという間に亡くなってしまい、周囲を驚かせ、悲しませた。その先生との思い出はたくさんあるが、ほとんどがおいしいものを食べさせてもらった思い出である。

でも、忘れられない一言に、「私って陰日なたのある人間だから」という言葉がある。いつもの酒盛りのときであったか、二、三人との雑談であっけらかんと自分について話しておられた言葉である。これがどうして忘れられないのか、不思議に思う方もあると思うが、私はその後、この言葉を折りに触れ、思い出す。

それは、自分を正しい人間だと思い込みたいし、そう他人にも見てもらいたがっている私にとって、衝撃の言葉だったからである。正しくは、「清く正しい」人間だと思ってほしくていつのまにか一生懸命になっている自分にこのとき改めて気づいた、ということかもしれない。

研究所のなかにもいろいろ組織や人間関係が複雑であったらしい。そのなかにあって、自分をよく見せようとはまったくせず、お酒を飲んでごちゃごちゃを笑い飛ばす豪快な女性であった。人間、いつも自分が正しいわけじゃない。他人に対して正義をふりかざしている間は人とほんとうにはわかり合えない。お酒の修行には失敗した私であるが、人の見方を教わったと思う。

たまごとじうどん

寒い夕暮れのことだった。遊び疲れて「ただいま」と玄関を開けたら、たまらなくいい匂いが漂ってきた。温かいつゆのだしのきいた匂いだった。幼い私は喜び勇んで部屋に飛び込んだ。おそばやさんの四角いお盆がおいてあった。

三つ違いの姉が風邪をこじらせ、高熱を出して寝込んでいた。一つだけ届けられたうどんは、食欲のない姉のためのものだったのである。

自分の分がないとわかると、とたんに私は大声で泣き出した。外食も出前をとることもめったにないことであったから、とにかく姉がうらやましかった。

「お姉ちゃんばっかりずるい！　私だってお店に頼んだうどんが食べたいよう」

母のつくるうどんが嫌いなわけではなかったが、プロのつゆの味はやはり格別だった。

姉が病気だから特別なのであって、私が病気になれば同じようなことをしてくれるだろうことはわかっていた。もっとも、私が病気になる場合は、いつもおなかをこわしてしまうので（風邪を引いてもなんでも、とにかくおなかにくるのだった）、治るまではほとんど何も食べられず、こうした〝特別〟のチャンスはなかったのだが……。

自分の要求が正当でないと、心のどこかでは、きわめてはっきりとわかっていたのである。それでも、おいしそうな匂いは、あまりにも強烈に私を刺激した。私は、自分でもどうにもできずに、力の限り泣き叫んでいた。

母は何も言わなかった。困りきっているようにも、なぜか見えなかった。そして、苦笑しながらおそばやさんに電話をかけ、一つ追加してもらうことをすまなそうにあやまりながら、たまごとじうどんを頼んでくれた。

私は引っ込みがつかなくなって、なかば呆然としていたように思う。母は怒ってどなったりはしない人だったが、それでも叱られるか、たしなめられると思っていた。お金はなかったはずだし、よほどのことがない限り、お客さんでもないのに出前を頼むなど考えられない生活だったからである。

やがてうどんが届き、母は私に「はい、どうぞ」と差し出した。念願かなったわけだが、わがままを通したことが恥ずかしくて、なかなか素直に飛びつけないでいると、母が蓋をとってくれた。

あのだしのきいたつゆのいい匂いが、暖かい湯気となってうどんからたちのぼり、さんざん泣いて涙と鼻水でぐちゃぐちゃになった頬をなでた。とにかくきまりが悪かった。

そして、そのうどんを食べたはずであるが、これほど鮮明に覚えているこの顛末の、うどんを食べたところだけが記憶にない。湯気のなかにぼうっと見えた朱塗りの蓋だけが記憶に残った。

あやまったりすることは、この期に及んでできなかったが、わがままを黙って聞いてもらった申し訳なさとありがたさは、いまもくっきりと覚えている。

ずっと後になって、母にその時のことを聞いてみた。どんなふうに思って、わざわざもう一つうどんを頼んでくれたのか知りたかったからである。母はまったく覚えていなかった。

子どもにはわがままは通らないことを教えなければいけない、という議論が出るたびに、私はそのときの自分を思い出す。

わがままを言い通している子どもの心のなかにも、自分の姿を見つめる目が育ち始めていて、そのような自分を恥ずかしく思ったりしているかもしれない。それを追いつめないことが、ときには正しいことを教えるより子どもの心を深く揺さぶることもあるのだと。

清水先生のこと

嶋　さな江

清水先生とは、何がきっかけだったか忘れましたが、二〇数年おつき合いさせて頂いています。そのほとんどは、保育を語り合う場でのかかわりで、保育園の保育討議、三多摩公立保育所連絡会の講演や学習会、そして、一〇年も続いている「保育の話何でもゼミ」、また、先生の講演先についていって車中で話すなど、いつでもどこでも保育の話ばかりです。

この度、『育ちあう風景』が刊行されることになり、みんなで喜びました。一足先に読ませて頂いて、私なりに思うところを書かせて頂きました。

全国の実践がつながっている

清水先生は、数えきれないほど保育現場に出向いて、そこの子どもの姿と保育者の思いに触れて、そこで出会った事柄をこんな素敵な文にされているのですね。

一緒に、「何でもゼミ」で学んだエピソードがたくさん載せられていますが、あのときのことをこんなふうに表現され、かけがえのなさを感じさせてもらい、もう一度学び直しさせて頂いています。

あっ、あの時のあの話、と思えることもいっぱいですが、先生が別の地方の学習会で聞かれた話を私たちに伝えてくださっているように、日本中のあちこちでの実践や学びが、先生の橋渡しで共有できている様が伝わってきますし、これからも、この文面の一こまひとこまが生きて育っていくように思えます。

小さな学習会で、保育の一こまから何かをすくい取り言葉にしてくださった先生。きっとどこかでその言葉にふれたり、文章を目にした人たちが、また小さな努力を積み重ねるであろうことを思い起こさせてくれる、不思議な先生の文章です。

全国各地での学習会、講演会、親子の集まり、保育のつどいに出向いていく先生。「昨日、○県の○地域に行ってきたよ」ときくと、あっ、そこでも先生と一緒に保育の話をしている人がいるんだなぁと想像でき、一人でも、子どものことをわかろうとする保育者が増えることが、子どもの幸せにつながる……なんて思ってしまう私です。

先生が書かれている事実は、きっと、読者に自分のまわりで起きていることに思いをはせさせるでしょう。ほんとうにそうだ、自分のまわりにもそんなことあると。そして自分はそのことにどう向き合っているのかを考えさせられる。思い悩むことぐらいしかできないかもしれない、でも、確かに立ち止まって、次の一歩をどう踏み出すかの起点になるように思います。

現場の保育士は私の先生

清水先生退職にあたっての最終講義では、『私に保育を教えてくれた子どもたち』と題して講演がありました。そのなかで、先生が「現場の保育者は私の先生」と話されました。

先生が、もっと子どものことや保育のことをわかりたい、もっと学びたいと現場に足を運ばれていることでも、小さな学習会で、保育者の発言に耳を傾ける姿勢でもわかりますが、この『育ちあう風景』の中に、「現場の保育者は、私の先生」がいっぱいつまっています。そしてそれは、「子どもは……」「保護者は……」にも言い換えられることなのです。

先生は、保育者が自分で気づく、発見するプロセスを共に歩もうとしてくださる研究者です。それは、私たちが、子どもが自分からやりたいと思ってやることや自分でわかったと思える経験が大事と思っている、そことつながり、すごく納得できるのです。

先生と一緒にやっているゼミでは、毎日の保育でよくあること。でも、会議などであまり話されないことを題材にして話していきます。そのなかでは、必ずと言っていいほど保育の本質にたどりつくのです。

「それは、どうしてなの?」と聞き込んでいく先生に、思わず喋りたくなり、話しているうちに明日の保育が見えてきたり、明日、子どもと会うのが楽しみと思えるような学習会になっていくのです。

この本のなかには、先生がじっくり追求していきたいと思われているテーマがちりばめられているように思います。でも、先生は、ご自分の研究テーマに実践を引き寄せようとする方ではなく、あくまでも、その日、そこに居る参加者が今何を悩んでいるのか、何を学びたいのかに降り立って、いっしょに学ぼうとされます。

そして、保育というものが、どこか一側面を切り取って語ったり、ある視点からだけ追求できない、人と人とがいっしょに暮らしあう、そこでみんなが育っている、その総体なのだということを、現場の目線で共感してくださる先生です。

先生は「保育の悩み、保育者の悩みから出発することが、保育研究の役目」とはっきりと言われ、現場と共にやってきたこれまでの歩みの中で、「徹底して子どもの側に立つ」の筋が出てきたともおっしゃいます。これこそ、先生のテーマなのですね。

温かいまなざし

先生の、社会の不条理さを見る目の鋭さと、今を生きる人びとへのまなざしの温かさが深く読み取れる言葉もいっぱいです。

「どうして、こんなに生活していくのが大変なのだろう。子どもを育てながら生きていくのに、どうしてこんなに身を削らなくてはならないのだろう。立ちすくんでいるだけではだめなのはわかっているけど、確かな一歩が出せないわが身がもどかしい」

「定員より多い子どもたちを受け入れて、きりきりまいさせられている保育現場で、能力主義で人を切っていく人の見方を、知らずしらずに自分たちが受け入れてしまう。それは、自分にも回ってくるかもしれないし、一人ひとりを孤立させていく。それをはね返すために自分の中の人の見方を鍛え直す保育の学習がしたい」

ここが先生のすごいところで、あくまでも、保育者の悩み、保護者の悩み、生きる人々の悩みにとことん寄り添おうとする生き方が伝わります。

読んでいると、先生の想いの深さが伝わり、もっともっと先生のことが知りたくなりました。

この文章を書いているこの時も、先生は、東久留米市の保育園で保育者や保護者に向けてお話されています。

先生こそ、毎日、毎晩、お疲れさまです。

そして、これからもたくさんの保育士や保護者を励ましていくであろう素敵な御本をありがとうございます。

あとがき

私が「福祉のひろば」に連載を始めたのは二〇〇一年の四月だったかと思います。一年間連載された垣内国光さん（明星大学）が、バトンタッチで、保育のことなど、ちょっと保育関係の人が読みやすいものが載ることがよいので気楽にやってみて！　と言ってくださったように記憶しています。たぶん、ほんとうは一年でリレーのようにまた別の人に、といったつもりの企画だったのではないかと思います。そして、当時担当してくださったかもがわ出版の吉田さんが、保育の話でなくても書いてみて！　と言ってくださったのにほっとして、なんだかわくわくしました。

そのようにしてはじまった小さな連載。それから一二年が経とうとしています。

素直に心に浮かぶことを書いていいんだ、と自分の幼い日のこと、父や母のことなど、思いつくままに書かせていただいてきました。毎月、なにを書こうかと考えるひとときができましたが、書きたいことがまるで天から降ってくるかのように出てくるのです。たいていは、それは事柄としてではなくて、あのときの自分、とか、あのときの子どもの発言、とか、誰かのことばとかでしたので、どうしてそのことについて私が気になったのかを事柄として説明しなくてはなりません。それを実際にどう書けばひとりよがりにならないのか、心配しながら文章を綴るのが私の役目、みたいな不思議な気持ちで、この作業は楽しい時間でした。

一二年のあいだに、かもがわの根津さんに担当がかわり、現在は総合社会福祉研究所の中島さんが引き継いでくださっています。その間、私が出会う保育実践、保育者、保育の悩みのなかから、そのときそのときの出会った人たちの思いや子どもの姿をそのままスケッチするように表したい、というのが私の願いでした。

はじめはもやもやしていても、夢中になってしゃべっているうちにだんだんそれがどういうことなのかが浮き彫りになってくるから不思議です。我を忘れ、時を忘れて若い人も定年後の人も、まぜこぜになってしゃべり合う学習会のひととき、園内研修で出されたそのクラスの子どもたちの気持ちが、わいわい話しているうちに見えてきた瞬間、そうした貴重な瞬間を忘れてしまわないように書いておく大切な場に、いつのまにかなっていたとも言えるでしょう。

文章は私のものだけれど、私の心をたしかに横切った人たちやことがらはその人たちのものでもあるのです。そのただなかにいて、安心して心のむくままに書き続ける私に、一二年ものあいだ、スペースをくださっている「福祉のひろば」に感謝いたします。

そして、このたび、東洋大学の定年退職にひとくぎりしやすいようにそれをまとめて本にしてくださったひととなる書房の社長の名古屋さん、大変熱心に一五〇編ほどの内容を短期間に繰り返し読んで少しでも良い物をつくってくださろうとご尽力くださった栃倉さんに感謝いたします。また、連載のはじめから何年も小さいけれどほっとする絵を、そっと添えるように描き続けてくださった田上明子さんにもほんとうにお世話になりました。ありがとうございました。

さらに、長年連れ添いながら（?!）なれ合わずに、ほんとうに良き勉強仲間としても人生の先輩としても大切な人である嶋さな江さんが、この本のために身に余る文章を寄せてくださったことに、恥ずかしくもありうれしくもあります。嶋先生、ありがとうございます。

そしてなによりも、私に数えきれないほどの子どもたちの姿と保育の話をいつもいつも届けてくださっているすべてのみなさんに、心からありがとうと申し上げます。私をそうした保育の話に混ぜてくださらなければ、ここにある文章は生まれませんでした。実践をもたない保育の勉強をする者として、そうした仲間に入れていただいてきたという証がこの毎月の文章になってできているのかもしれません。そのことはどんなに感謝してもしきれないことでもあり、みなさんのおかげで「幸せ者」であるのだとも心から思います。

こんなに書いてしまうとなんだかおしまいのごあいさつのように思えてくるので、どうかみなさま、これからもよろしくお願いいたします。

二〇一三年二月七日

清水　玲子

清水　玲子（しみず　れいこ）

1947年、埼玉県に生まれる。

東洋大学ライフデザイン学部教授。乳児保育、保育原理などを担当。

二人の子どもは産休明けから共同保育所を出発点に、公立保育所、共同の学童保育で育つ。

保育現場の悩みや願いの中にこそ保育研究の課題があるとする一貫した姿勢は、全国の保育者をあたたかく励まし続けている。

＜著書＞
『保育園の園内研修』（筒井書房）／『育つ風景』（かもがわ出版）／『徹底して子どもの側に立つ保育』（ひとなる書房）／『保育における人間関係発達論』（共著　ひとなる書房）／『今の子育てから保育を考える』（共著　草土文化）／『いい保育をつくるおとな同士の関係』（ちいさいなかま社）ほか。

＜初出誌＞
本書は、『福祉のひろば』（総合社会福祉研究所編、社会福祉法人大阪福祉事業団発行）に連載された「育つ風景」（2004年4月号～2013年2月号分）の中から64編を選んで収録いたしました。収録にあたって、表題の一部と若干の変更を加えてあります。
なお、「たまごとじうどん」（210頁）のみ初出誌は『現代と保育』（46号　ひとなる書房）。

装幀　やまだみちひろ
挿絵　田上　明子

育ちあう風景

2013年 2 月28日　初版発行

著　者　清水　玲子
発行者　名古屋　研一

発行所　㈱ひとなる書房
東京都文京区本郷2-17-13
電話 03（3811）1372
FAX 03（3811）1383
E-mail：hitonaru@alles.or.jp